国家社科基金
GUOJIA SHEKE JIJIN HOUQI ZIZHU XIANGMU
后期资助项目

# 全球视角下 FTA行业层面福利效应的 理论与实证研究

## The Industry Level Welfare Effects of FTAs: A Theoretical and Empirical Research from a Global Perspective

向洪金 著

中国财经出版传媒集团

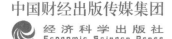

经济科学出版社
Economic Science Press

图书在版编目（CIP）数据

全球视角下 FTA 行业层面福利效应的理论与实证研究 /
向洪金著 . —北京：经济科学出版社，2021. 12
国家社科基金后期资助项目
ISBN 978 - 7 - 5218 - 3128 - 3

Ⅰ. ①全…　Ⅱ. ①向…　Ⅲ. ①自由贸易区—研究—世
界　Ⅳ. ①F741. 2

中国版本图书馆 CIP 数据核字（2021）第 239301 号

责任编辑：李　军　谭志军
责任校对：刘　昕
责任印制：范　艳

**全球视角下 FTA 行业层面福利效应的理论与实证研究**

向洪金　著

经济科学出版社出版、发行　新华书店经销
社址：北京市海淀区阜成路甲 28 号　邮编：100142
总编部电话：010 - 88191217　发行部电话：010 - 88191522
网址：www. esp. com. cn
电子邮箱：esp@ esp. com. cn
天猫网店：经济科学出版社旗舰店
网址：http://jjkxcbs. tmall. com
北京季蜂印刷有限公司印装
710 × 1000　16 开　8. 5 印张　150000 字
2021 年 12 月第 1 版　2021 年 12 月第 1 次印刷
ISBN 978 - 7 - 5218 - 3128 - 3　定价：46. 00 元

# 国家社科基金后期资助项目
# 出版说明

　　后期资助项目是国家社科基金设立的一类重要项目，旨在鼓励广大社科研究者潜心治学，支持基础研究多出优秀成果。它是经过严格评审，从接近完成的科研成果中遴选立项的。为扩大后期资助项目的影响，更好地推动学术发展，促进成果转化，全国哲学社会科学工作办公室按照"统一设计、统一标识、统一版式、形成系列"的总体要求，组织出版国家社科基金后期资助项目成果。

全国哲学社会科学工作办公室

# 前　言

近年来，由于世界贸易组织（WTO）框架下的全球自由贸易化止步不前，区域经济一体化成为全球贸易的一个重要特征，作为区域经济一体化载体的自由贸易协定（Free Trade Agreement，简称FTA）数量快速增加。作为全球最大的货物贸易国，中国非常重视自由贸易区建设。国家主席习近平曾明确指出："加快实施自由贸易区战略，是我国新一轮对外开放的重要内容。"中共十八大正式将自由贸易区建设上升到国家对外开放重要战略的高度；实施自由贸易区战略也是中共十九大报告和国家"十四五规划"[①] 中的重要内容。

随着全球范围内FTA数量的不断攀升，FTA经济与福利影响受到广泛关注，然而，已有的研究大多属于宏观层面的分析。这些文献虽然有助于我们从整体上把握FTA的经济与福利影响，但存在以下不足：首先，已有文献偏重宏观分析，而行业层面尤其是微观企业层面的深入研究比较鲜见；其次，已有文献往往偏重于实证分析，理论分析严重不足；最后，已有文献大多是分析FTA的积极影响，而往往忽略了其产业损害等潜在的负面效应。

考虑到FTA框架下的关税减免程度往往存在行业差异，而且由于不同行业在供需弹性、产品替代弹性等方面存在较大差异，就算同等幅度的关税减免，对不同行业的影响也往往大不相同。因此，如何从行业层面客观准确测度FTA的经济与福利影响，对这个问题进行深入研究具有重要的理论与现实意义。针对已有研究的不足，本书的主要工作与创新体现在以下几个方面：

（1）基于中国自由贸易区战略建设和市场结构等现实，利用战略贸易政策理论，分别构建了混合寡占Bertrand价格竞争模型和Cournot产量竞争模型，纳入市场结构与规模报酬等因素，揭示了FTA框架下关税减免和贸易便利化在行业层面的贸易创造效应与贸易转移效应的内在机理；并

---

[①]　2014年12月5日，习近平在中共中央政治局第十九次集体学习时的讲话。

进一步探讨在国有企业股份制改革等大环境下，FTA 对本国企业境外资源利用、产能选择等企业竞争行为的影响机理。

（2）基于战略贸易政策理论，对可计算局部均衡的 COMPAS 模型进行修正，分别从双边视角和全球视角探讨了 FTA 框架下关税减免和贸易便利化对成员与非成员特定行业的产出、就业、福利等深层次经济效应的内在机理。弗朗索瓦和霍尔（Francois and Hall，1997）构建的可计算局部均衡 COMPAS 模型基于完全竞争的市场假设。本书综合克鲁格曼（Krugman，1983）等构建的垄断竞争模型，对弗朗索瓦和霍尔（2003）构建的可计算局部均衡 COMPAS 模型进行修正，首先从理论上探讨了 FTA 框架下关税减免和贸易便利化如何通过价格机制影响成员与非成员特定行业的产出、就业、收益以及社会福利等经济指标，然后利用修正后的 COMPAS 模型实证考察了中国－澳大利亚自由贸易协定（CHAFTA）对中澳两国葡萄酒价格、产量、就业、产能利用率、生产者剩余、消费者剩余等指标的影响。

（3）为了从全球视角考察 FTA 在行业层面的经济与福利影响，本书通过引进关税变量对弗朗索瓦和霍尔（2003，2007）构建的可计算局部均衡 GSIM（全球模拟系统）模型进行修正，以分析 FTA 框架下关税减免在行业层面经济与福利影响的内在机理；然后基于 2015 年全球农产品生产与贸易的现实，从行业层面就 RCEP 建立后成员与非成员的农产品生产、价格与贸易的影响大小进行了前瞻性的评估；并就 RCEP 建立后对有关国家农产品生产、价格、贸易、生产者剩余、消费者剩余以及政府关税收入的影响大小进行了实证考察。具有全球视角的可计算局部 GSIM 模型不仅可为我国实施自由贸易区战略提供理论与实证依据，也为专家学者从行业层面分析特定贸易政策变化的经济与福利影响提供了一个新的视角和方法。

（4）基于可计算局部均衡模型，构建了客观准确、可操作性强的产业损害测度模型。FTA 框架下容易导致成员企业倾销行为发生，产业损害调查是采取反倾销措施的前提条件，而损害程度的测度以及因果关系的检验又是产业损害调查中的重点和难点。包括我国在内的大多数国家和地区，目前主要采用指标体系法进行产业损害认定，这种方法由于缺乏相关的经济学理论支持，不能有效区分倾销因素与众多非倾销因素对相关产业的影响，从而使调查结果的准确性大打折扣。基于近年来发展的 COMPAS 模型，首先从理论上揭示倾销行为如何通过价格机制对进口竞争行业的产出、价格以及收益等指标产生影响，然后利用 COMPAS 模型分别对进口铜版纸和进口大豆的倾销行为对中国铜版纸产业和大豆产业的损害情况进行了实证评估。

# 目　　录

# 第1章 绪 论

## 1.1 研究背景和意义

自20世纪90年代开始，随着关税及贸易总协定/世界贸易组织（GATT/WTO）框架下的全球自由贸易谈判止步不前，区域性贸易协定（Regional Trade Agreements, RTA）如雨后春笋般的不断涌现，成为国际贸易领域的一个显著特征和最大亮点。区域性贸易协定又称互惠贸易协定（Preferential Trade Arrangement, PTA），指两国或多国间签署具有法律约束力的契约，目的在于消除贸易壁垒，促进产品与服务在成员之间自由流动。根据WTO的统计，截至2019年5月，WTO成员登记备案的PTA数量高达473起，正在生效的PTA数量为294个。区域贸易协定有多种不同形式，不过其中90%以上都是自由贸易协定（Free Trade Agreement, FTA）。

实施自由贸易区战略，也是中国新一轮对外开放的重要内容。作为全球最大的货物贸易国和第二大经济体，中国在极力推进WTO框架下的全球多边自由贸易谈判的同时，也积极参与区域性贸易自由化的建设。中共十七大报告中首次提出"实施自由贸易区战略"，把自由贸易区建设上升为国家战略的高度。中共十八大报告中提出"要加快实施自由贸易区战略"。中共十九大报告再次强调了"实行高水平的贸易和投资自由化便利化政策"的重要性。"加快实施自由贸易区战略"也是我国"十二五规划纲要"和"十三五规划纲要"中的重要内容。

随着全球范围内FTA数量的快速攀升，FTA的经济效应成为一个热点问题，受到国内外政府部门与专家学者的广泛关注，相关的研究成果十分丰富。然而，已有研究大多属于宏观分析，行业层面尤其是微观层面的深入研究比较鲜见。FTA经济与福利效应的微观机制几乎还是一个暗箱。巴利斯特雷里等（Balistreri et al., 2011）、滨中（Hamanaka, 2013）等文献的实证表明，微观层面理论机制的缺失将导致宏观层面的实证分析出现严重的偏差。另外，已有相关研究侧重于考察 FTA 框架下关税减免问题，往往忽略了 FTA 框架下贸易便利化问题，从而大大低估了 FTA 的经济与效应影响。

本书将立足于我国及全球 FTA 的实践，构建异质企业贸易模型，首先从微观层面深入揭示 FTA 关税减让与贸易便利化影响有关国家的资源配置效率，进而影响生产者与消费者福利影响的内在机制，然后综合运用新新贸易理论与新贸易理论，构建具有微观基础的可计算局部均衡模型，从行业层面对 FTA 框架下的关税减免与贸易便利化的福利效应进行理论与实证研究。本书的研究不仅可揭示 FTA 福利效应的微观机理，而且可对 FTA 在行业层面的福利效应进行较为全面、深入的刻画和准确的测度，因此，本书研究具有重要的理论与现实意义。

理论意义。由于古典贸易理论与新贸易理论局限于行业层面的分析，因此，不能解释 FTA 经济与福利效应的微观机理。本书拟在异质性企业贸易理论模型的框架内，从关税减让与贸易便利化两个视角来刻画 FTA 如何通过市场竞争机制，促进资源在行业内不同企业之间重新配置，进而影响成员、非成员行业层面社会福利的微观机制。因此，本书的研究不仅从理论上解释了 FTA 关税减免和贸易便利化在行业层面经济与福利影响的内在机理，而且将 FTA 的研究推进到微观企业层面，揭示了 FTA 福利效应的微观机制，也是对异质性企业贸易理论的拓展与丰富。

现实意义。近年来在全球经济不景气背景下，我国经济也出现了增速放缓、产能过剩、对外贸易增速大幅下滑等困难局面。实施自由贸易区战略，不仅可以拓展外贸市场、缓解产能过剩等困难，而且可以通过国内国际市场深度融合，提高资源配置效率、发掘新的比较优势、实施互利共赢的开放战略。但自由贸易协定的谈判是一个艰难的过程，关税减免和贸易便利化对我国不同行业的影响往往并不相同，因此，从行业层面前瞻性地评估 FTA 的经济与福利效应，能为我国自由贸易协定谈判提高决策依据和智力支持。

## 1.2 研究的主要内容和目标

### 1.2.1 研究内容

探讨贸易政策的福利影响是国际贸易理论研究的核心问题。异质企业贸易理论的出现使得从微观企业层面分析贸易政策变化的福利效应成为可能。

本书首先基于异质企业贸易理论，从关税减让与贸易便利化双重视角揭示 FTA 福利效应的微观机理；在此基础上，构建局部均衡模型探讨 FTA 在行业层面福利效应的内在机理；然后通过将局部均衡模型可计算化，就 FTA 在行业层面的福利效应大小进行全面、准确的测度。本书的研究内容主要包括如下五个部分：

**专题 1：FTA 福利效应的微观机理：基于异质企业贸易理论的分析**

基于梅里兹（Melitz，2003）、赫尔普曼等（Helpman et al.，2008）等构建的异质企业贸易模型，从微观层面揭示关税减让与贸易便利化福利效应的内在机制。主要改进体现在两个方面：第一，本书将梅里兹（2003）模型中的贸易成本进一步分解为市场进入的固定成本、关税成本与非关税成本三个部分，以期在同一个理论框架下探讨关税减让与贸易便利化二者福利效应的差异性；第二，考虑到 FTA 具有排他性，FTA 对成员与非成员的福利影响存在较大差异。因此不能直接利用梅里兹（2003）等经典模型来分析 FTA 的福利影响。我们将构建三国（地区）模型：本国（地区）、成员国（地区）、非成员国（地区），以分析 FTA 对成员与非成员影响的差异性。

专题 1 主要研究内容包括：

（1）FTA 贸易效应的微观机理。根据经典贸易理论或者新贸易理论，FTA 将增加成员之间的贸易，具有贸易创造效应（trade creation effect），但也会抑制成员与非成员之间的贸易，具有贸易破坏效应（trade destruction effect）。然而，FTA 贸易创造效应和贸易破坏效应的微观机理有待深入探析。而且最近的一些实证表明，FTA 不但会促进成员之间的贸易增加，也会促进成员与非成员之间贸易的增加。传统贸易理论与新贸易理论均无力解释这种"反常现象"，本书将通过构建异质企业贸易模型对这种现象进行理论解释。

（2）探讨 FTA 在长期通过市场竞争与企业的自我选择机制，实现行业内资源重新配置的微观机制。从长期来看，FTA 将改变国内与国际市场的进入门槛与市场竞争环境，从而影响企业的投资与生产决策，导致资源在行业内重新配置。但 FTA 对成员和非成员的资源配置效应的影响有何差异性？这个问题值得深入研究。

（3）对 FTA 框架下的关税减让与贸易便利化二者的福利效应进行比较分析。由于全球范围内平均关税水平处于低位，因此，近年来，贸易便利化成为 FTA 的一个重要议题。翟（Zhai，2010）、切尔卡申等（Cherkashin et al.，2015）等文献的实证表明，贸易便利化的福利效应往往大于相同幅度关税减让的福利效应。二者福利效应差异性的根源所在？

**专题 2：FTA 行业层面福利效应的机理：可计算局部均衡模型的构建**

近年来发展的可计算局部均衡模型可以从行业层面分析 FTA 等贸易政策的经济与福利效应。但已有的可计算局部均衡模型（e. g. Francois and Hall；1997，2003）往往基于阿明顿（Armington，1969）假设：第一，完全竞争的市场，第二，不同国家的产品是同质的。这两个基本假设与绝大多数行业的现实相差甚远。而且已有局部均衡模型往往缺乏微观基础，这些不足都会降低模型模拟结果的准确性。本书研究内容集中于以下几个方面：

（1）双边视角的局部均衡模型构建。基于专题 1 中构建的异质企业贸易模型，利用巴利斯特雷里等（2013）文献的方法，对弗朗索瓦和霍尔（1997）双边视角的可计算局部均衡模型（Cormmercial Policy Analysis System，简称 COMPAS 模型）进行改进，构建具有微观基础与垄断竞争的可计算局部均衡模型，从行业层面与双边视角分析 FTA 通过价格机制影响成员的产出、就业、贸易、生产者福利与消费者福利等指标的内在机理。

（2）全球视角的局部均衡模型构建。为了进一步考察 FTA 对非成员行业层面的经济与福利影响，课题组还将对弗朗索瓦和霍尔（2003，2009）全球视角的可计算局部均衡 GSIM 模型进行改进，从行业层面和全球视角探讨 FTA 影响成员与非成员行业的产出、贸易、就业、生产者剩余与消费者剩余的内在机理。

（3）关税减免与贸易便利化福利效应的内在机理比较分析。尽管关税减免与贸易便利化的目的都是为了促进成员之间的贸易，但是，二者的作用机理并不相同。例如，关税减免往往会降低成员政府的关税收入，但贸易便利化却不会如此，甚至会增加成员的关税收入。另外，关税减免和贸易便利化对出口企业的影响机制也存在很大的不同。

**专题 3：FTA 行业层面福利效应的测度：参数估计与局部均衡模型的运行**

同 CGE 模型相比，由于可计算局部均衡模型只考虑单个市场的均衡，因此，所需要收集的数据和求解方程都大大减少。可计算局部均衡模型需要收集的数据分为三类：行业层面的弹性参数、有关国家间的贸易数据、贸易政策相关数据。其中弹性参数最为关键，对模拟结果的准确性有直接的影响。

（1）弹性参数的估计。弹性参数包括三种：供给弹性、需求弹性与替代弹性。国内外估计弹性参数的文献不在少数，但大多属于宏观层面的估计，而且由于方法与时间段的差异，估计结果非常悬殊。为了提高模拟结果的准确性，本书将采用西蒙诺夫斯卡和沃（Simonovska and Waugh，2014）半参数估计方法，考虑到行业的差异性与企业的异质性，对有关国家细分产品的供给弹性、市场需求弹性以及替代弹性进行重新估计。

（2）贸易便利化的测度。为了评估贸易便利化的经济与福利效应大小，需要事先测度贸易便利化的大小。本项目将采用两种不同的方法来测度贸易便利化综合指数：直接法与间接法。直接法是在贸易便利化指标体系的基础上，综合利用主观赋权的层次分析（AHP）法和客观赋权的因子分析（FA）法，构建组合赋权的 FA – AHP 模型，来计算贸易便利化的综合指标。诺维（Novey，2013）等则在引力模型的基础上，通过比较国际贸易与国内贸易的差别，从而间接测度国际贸易成本。但是诺维（2013）没有区分关税成本与非关税成本，由于贸易便利化主要影响非关税成本，因此，我们通过引进关税因子来剔除关税的影响。

（3）局部均衡模型的可计算化。基于 GAMS 等程序语言，对改进的局部均衡模型进行程序化与可计算化，从行业层面就 FTA 对特定行业的产出、价格、贸易、就业、生产者与消费者福利水平的影响大小进行模拟。并对关税减免与贸易便利化福利效应的大小进行比较分析。

**专题 4：FTA 产业损害的测度与预警**

关于 FTA 的经济与福利影响，国内外已有相关文献往往关注的是其积极的影响，而关于其对成员经济潜在的负面影响，深入系统的研究比较鲜见。事实上，FTA 框架下的关税减免虽然可以促进成员之间的贸易，但也为成员企业在对方市场倾销提供了方便。因此，如何客观准确地测度 FTA 对成员有关产业的冲击与损害，具有重要的理论与现实意义。本研究利用可计算局部均衡模型，就 FTA 框架下关税减免对本国进口竞争产品可能的冲击大小进行测度，并构建产业损害的预警模型，以便未雨绸缪，趋利避害，将 FTA 的不利影响降到最低。

**专题 5：政策含义的提炼**

不同于计量模型的事后（expost analysis）分析，可计算局部均衡模型可以未雨绸缪，对 FTA 的经济与福利效应大小进行事前（exante analysis）评估。因此，本书的研究对我国自由贸易协定谈判、"一带一路"建设等均具有重要的指导意义。

第一，本书微观层面的理论与实证研究表明，FTA 可以通过改变市场竞争模型，淘汰生产率低的企业，促进资源优化配置，从而提高整个行业的生产效率。因此，我国可以通过 FTA 战略实现国内与国际两个市场联动、国内与国际两种资源统筹，促进我国对外贸易的战略转型与升级。

第二，应该在 FTA 框架下大力推进成员之间贸易便利化。本书的研究表明，非关税成本下降的福利影响要远大于相同幅度关税减免的福利效应。因此，我国在实施自由贸易区战略与"一带一路"建设中，应该将建设的重点放在区域性的贸易便利化方面。

第三，FTA 战略应该与我国产业安全与发展战略相互配合协调。本书行业层面的研究表明，FTA 对同一国家不同行业的冲击与福利效应存在很大差异，因此，这启示我们在实施 FTA 政策时，应该充分考虑到行业的差异性，在通过 FTA 战略缓解国内部分行业的产能过剩、资源配置低效等问题的同时，要注意制定相应的政策，保护与扶持那些国际竞争力暂时还比较弱的产业，培育我国出口产品国际竞争力的新优势。

### 1.2.2　研究目标

本项目的研究以期实现以下四个主要目标：

（1）构建异质企业贸易模型，揭示 FTA 福利效应的微观机制，以期打破 FTA 福利效应的"暗箱"，以便对 FTA 福利效应内在机理有更深入的认识。

基于中国以及其他国家实施 FTA 的实践，构建开放经济下异质企业贸易模型，从关税减免与贸易便利化两个视角，深入揭示 FTA 如何通过市场竞争与企业的自我选择机制，促进资源在行业内优化配置的内在机制，深化对 FTA 福利效应微观机制的认识，发展与丰富异质企业贸易理论。

（2）构建具有微观基础的局部均衡模型，实现微观与中观的有机结合，以期对 FTA 在行业层面的福利效应的机理进行更深入的刻画。

综合异质性企业贸易理论与新贸易理论，构建具有微观基础与垄断竞争的局部均衡模型，从中观层面和全球视角深入分析 FTA 影响行业的产出、就业、进出口贸易以及生产者与消费者福利的机理，并揭示 FTA 框架下关税减免与贸易便利化二者福利效应差异的内在根源。

（3）通过对所构建的局部均衡模型程序化和可计算化，以期对 FTA 在行业层面的福利效应进行更为全面与准确的评估。

利用微观计量计算估计有关国家行业层面的供给、需求与替代弹性，然后利用 GAMS 程序语言将模型程序化、可计算化，对 FTA 框架下的关税减免与贸易便利化对有关国家特定行业的产出、就业、价格、贸易、生产者福利与消费者福利的影响大小进行全面、准确的预测，并提供关税减免与贸易便利化福利效应大小差异的现实证据。

（4）政策启示的提炼。

基于理论与实证研究，为企业更好地开拓国际市场、更有效地预防进口冲击提供科学的指导；为我国自由贸易区战略的实施与"一带一路"建设提供更深入的理论与现实依据。

### 1.2.3　拟解决的关键问题

第一，FTA 福利效应的微观机理揭示。梅里兹（2003）、梅里兹和奥塔维亚诺（Melitz and Ottaviano，2008）等经典异质性企业贸易模型本质上属于两国（或地区）模型：本国（或地区）与外国（或地区），如果将这些两国模型扩展为三国模型：本国（或地区）、成员国（或地区）与非成员国（或地区），以考察 FTA 对不同国家福利影响的差异性，这是本书需要解决的一个关键问题。另外，在构建异质企业贸易模型时，如何将贸易成本分解框架内引，从微观层面分析 FTA 关税减让与贸易便利化如何影响成员与非成员市场竞争环境与企业的经营决策，进而导致资源重新配置与企业生产率变化的内在机制，并比较分析关税减让与贸易便利化福利效应微观机制的差异性。

第二，具有微观理论基础的局部均衡模型构建。综合利用异质企业贸易理论与垄断竞争的新贸易理论，借鉴巴利斯特雷里等（2013）文献的方法，对弗朗索瓦和霍尔（1997，2003，2009）等局部均衡模型进行改进，构建具有微观基础与垄断竞争的可计算局部均衡模型，从行业层面考察 FTA 框架下关税减免与贸易便利化影响成员与非成员特定行业的产出、贸易、就业、生产者与消费者福利的内在机理。

第三，弹性参数的估计与贸易便利化的测度。弹性参数对可计算局部均衡模型的模拟结果起着决定性的影响。如何在行业层面估算出有关国家的供给、需求与替代弹性，是本书需要解决的一个关键问题。另外，贸易便利化的外延比较广泛，如何将贸易便利化进行量化，这也是对其福利效应大小进行评估的前提。

## 1.3 研究的逻辑框架、方法和可行性

### 1.3.1 研究的逻辑框架和方法

根据研究内容的需要，本书将采取理论研究与实证分析相互结合、微观与中观层层推进、双边视角与多边视角互为补充的总体研究思路。研究工作的总体技术路线见图1-1。

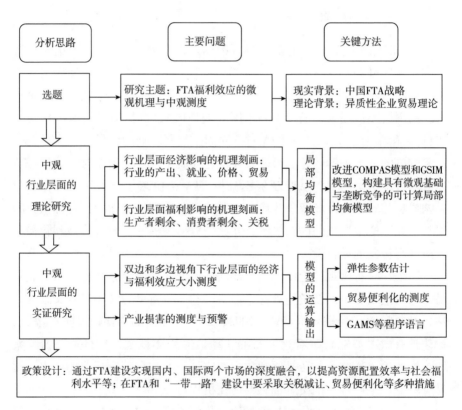

图1-1 研究工作的总体技术路线

### 1.3.2 可行性分析

#### 1. 理论建模的可行性

21世纪初出现的异质企业贸易理论（也称"新新贸易理论"），在两

个方面对古典贸易理论与新贸易理论进行了突破：一是贸易具有成本，二是企业具有异质性。考虑到 FTA 的核心内容就是关税减让与贸易便利化这一基本事实，因此，异质企业贸易理论将成为分析 FTA 的福利效应微观机制的得力工具。本书将在梅里兹（2003）等理论模型的基础上，通过引进关税减让系数与贸易便利化系数两个指标，对已有异质企业贸易模型进行改进，在此框架内分析双边关税减让与贸易便利化福利效应的微观机制。

**2. 实证研究的可行性**

本书的实证分析主要包括三个部分，第一部分，微观企业层面的实证。近年来，微观面板数据模型的发展与成熟，为本书的微观实证分析提供了方法保障。中国工业企业数据库、中国海关数据库等微观数据库的建立与开放，为本书微观实证提供了数据保障。第二部分，行业层面的供给弹性、需求弹性和替代弹性的估计，主要利用双对数模型来进行。第三部分，中观行业层面的模拟分析。本书行业层面的实证主要利用改进的可计算局部均衡 COMPAS 模型和 GSIM 模型来进行，前者属于双边分析，后者属于多边分析。

# 第2章 全球 FTA 趋势与中国 FTA 战略

近十多年来，以自由贸易协议（Free Trade Agreement，FTA）为主要形式的地区性贸易协议（Regional Trade Agreement，RTA；也有文献称 Preferential Trade Agreement，PTA）成为国际贸易体系最主要的特征，GATT/WTO 框架下的多边自由贸易谈判的停滞不前，从某种程度上促进了区域贸易协议的快速发展。[①] 与多边贸易体系相比，区域性贸易协议有许多自身的优势。在多边自由化谈判中，由于参与成员数目众多，部分议题内容又颇为敏感，容易造成彼此的争议，很难达成一致性协议，由少数国家/地区协商而达成区域性自由贸易协议成为许多国家/地区提升对外贸易的新途径，而且在 20 世纪 90 年代成为国际间推动贸易自由化的新潮流。区域性贸易协议的成员可以局限于少数有共同开放意愿的贸易伙伴间，因此可加速对议题取得共识；而且仅对特定成员开放本国（本地区）市场，对区域内产业的冲击要远低于比全面性开放带来的冲击。此外，相关的协议内容也仍然受 WTO 相关条例的规范，为 WTO 所认可。

可以肯定的是，在未来的几十年内，区域性贸易必将作为国际贸易体系的一个主要特征而存在，并对成员和国际贸易体系产生重要影响。为了促进我国对外贸易的快速发展，中共十七大报告中把自由贸易区建设上升为国家战略，提出要加快实施自由贸易区战略。截至 2020 年，我国已经与智利、新西兰、澳大利亚、东盟等 26 个国家和地区签署了 19 个自贸协定，自贸伙伴遍及五大洲。为了对区域性贸易协议有一个深入、全面的认识，本书首先对区域性贸易协议的法理依据和具体形式做一简要说明，以说明不同贸易协议之间的异同；然后就区域性贸易协议对成员和世界贸易体系的影响进行归纳；最后展望区域性贸易协议的最新发展趋势。

---

① 考虑到全球范围内 90% 以上的 PTA 采用 FTA 的形式，因此，本书对 PTA 和 FTA 不做严格区分。

## 2.1　FTA 的法理依据与主要形式

### 2.1.1　自由贸易协议的法理依据

从法理上来说，由于区域性贸易协议给予签约方优惠性贸易待遇，违反了 GATT/WTO 条例的第一条：最惠国待遇原则，即所有成员享受相同的优惠贸易待遇。但是 GATT/WTO 的一些修正性条例又授予了区域性贸易协议的合法地位，在 GATT/WTO 架构下使区域性贸易协议合法化的条例主要有三个：关贸总协定（GATT）的第二十四条、服务业贸易总协议（GATS）第五条以及 TWO 的授权条款（enabling clause）。前两个条例设计了一些具体条件，使区域性贸易协议得以适用最惠国待遇的例外原则，换言之，在 WTO 架构下，根据 GATT 第二十四条及 GATS 第五条规范而签署的区域性贸易协议才是合法的。另外，针对发展中国家彼此间签署的区域性贸易协议，WTO 亦订有授权条款作为签署区域经济协议的根据。因此，GATT 第二十四条、GATT 第五条及 WTO 授权条款成为区域性贸易协议的法理依据。

为了防止区域性贸易对多边贸易体系产生不利影响，GATT/WTO 第二十四条对区域性贸易协议的签署设置了一定的基本条件，首先，自由贸易区或关税同盟组成后，成员的整体关税水平及其他非关税贸易壁垒不得高于整合前的水平，换言之，区域性贸易协议不得增加对非成员的贸易限制与关税壁垒。其次，由于服务业是多边贸易体系谈判的难点，因此服务业贸易总协议（GATS）第五条特别规定：区域性贸易协议的成员之间必须开放服务贸易，服务业自由贸易协议的内容必须包括大多数的服务行业。对区域性贸易协议以外的会员国，整体上，其服务贸易壁垒不得高于区域性贸易协议生效前的水平。最后，为了给予发展中国家更多的贸易优惠，以鼓励发展中国家扩大生产规模，拓展国际市场，促进发展中国家的经济发展，GATT 在 1979 年制定了"授权条款"，允许签订可削减或废除针对发展中国家的关税或非关税壁垒为目标的区域性贸易协议。

### 2.1.2　自由贸易协议的不同形式

区域性的自由贸易协议依据其关税与非关税壁垒废除程度、对外采取共同关税政策与否、生产要素的自由移动性和经济政策间协调性等不同，大体上可以分成 5 种不同的类型。

**1. 优惠性贸易协议（Preferential Trade Agreement，PTA）**

优惠性贸易协议是经济整合层次最低的一种。签署的国家之间就特定产品提供成员特殊的优惠贸易待遇，且此优惠措施并不适用于非成员。例如 A 国（或地区）单方面给予 B 国（或地区）特定产品免除关税待遇。必须指出的是，由于所有区域整合都涉及优惠性贸易部分，所以现在常以优惠性贸易协议（PTA）泛指各种形式的区域性贸易协议。

优惠性贸易协议的代表案例有加勒比海盆地经济复兴法（Caribbean Basin Economic Recovery Act，CBERA）、安地斯贸易优惠法（Andean Trade Preference Act，ATPA），以及 2000 年贸易与发展法（Trade and Development Act of 2000）等，均为美国单方面给予加勒比海地区以及安第斯山区域等发展中国家的优惠关税措施。此外，欧盟（EU）对非洲、加勒比海以及太平洋等地区发展中国家提供优惠关税的洛梅协议（Lome Convention），也是单方面的优惠措施，并有特定受益对象国（多为旧殖民地国家）。欧美及日本对发展中国家给予优惠关税的一般性优惠关税待遇（Generalized System of Perferences，GSP）也属于优惠性贸易措施。

**2. 自由贸易区（Free Trade Area，FTA）**

自由贸易区指各成员同意相互废除彼此的关税与非关税贸易壁垒，但对非成员，各国仍维持其各自的关税制度及贸易限制措施。换句话说，自由贸易区的成员并没有统一的对外关税及贸易政策。例如美加墨自由贸易区（NAFTA），美国和墨西哥之间的产品交易可享有零关税，但对来自东亚、欧洲等非成员则各自征收不同的关税水平。另外，欧洲自由贸易协会（EFTA）也是典型的案例。由于自由贸易区成立后，各国仍维持原有的对外关税政策，为避免非成员由低关税的成员迂回转运进入高关税的成员，必须以"原产地规定"加以规范产品的来源国。自由贸易区的整合层次高于优惠性贸易协议，又不必对国内关税政策做大幅度调整，而且满足 WTO 的相关条款的规定，因此成为当前最盛行的区域性贸易协议形式。FTA 是区域性贸易协定（Regional Trade Agreement，RTA）的主要形式。根据 WTO 的统计，截至 2019 年 5 月，全球范围内签署生效的 RTA 中，自由贸易协定（FTA）超过 90%，关税同盟（Custom Union，CU）不到 10%。所以，没有特别说明时，本书对 RTA 和 FTA 不做严格区别。

**3. 关税同盟（Custom Union，CU）**

在关税同盟内，各成员除了彼此废除关税与非关税贸易壁垒外，对于区域外的非成员，各成员亦相互协调而采取共同的对外关税（Common External Tariffs, CET)。因此，关税同盟可避免成员间就复杂的原产地问题进行协商，但是在有关政策的制定上比较难以达成一致，国内的产业政策也要进行一定的配合与调整。关税同盟的整合条件与层次显然高于自由贸易区，或者说，关税同盟是具有共同对外关税政策的自由贸易区。现在的欧盟是典型的关税同盟。

**4. 共同市场（common market）**

在共同市场内，各成员将废除彼此之间的关税与非关税壁垒，允许货物自由流通以及采用共同对外的贸易政策，与此同时，在区域内，各成员之间的劳动、资本、人员等生产要素可自由流动。例如自 1957 年签署罗马条约后，欧洲各国逐步整合并建立了欧洲共同市场（EU）。欧洲共同市场是欧盟（EU）的前身。除欧洲共同市场外，南方共同市场（MERCO-SUR）及中美洲共同市场（CACM）也是共同市场的典型代表。

**5. 经济同盟（economic union）**

在经济同盟内，除了具有共同市场的特性外，成员之间彼此协调，并制定共同的经济与货币政策。现阶段国际间尚无相关的实例存在，但欧盟的发展已有一定程度类似。例如根据 1991 年欧盟通过的《马斯特里赫特条约》（Mastricht Treaty），在 1999 年时执行欧洲单一货币制度，即为经济同盟的初步形成，而欧元的问世则更将欧盟的经济整合进一步加深，欧盟已经具备经济同盟的雏形。

# 2.2 全球 FTA 的现状与变化趋势

## 2.2.1 全球 FTA 的现状

根据 WTO 的统计，1990 年以前，全世界范围内进入实施阶段的所有FTA 总共不过 27 项，但 20 世纪 90 年代尤其是 21 世纪以来，全世界签署的 FTA 数目不断攀升。图 2 - 1 表明，自 2000 年以来，全球范围内的 FTA数量一直呈快速增长趋势。2000 年，全球范围内正在生效的 FTA 数量为79 个，到 2019 年 5 月，全球范围内正在生效的 FTA 数量增加到 294 个。20 年间增加了近 3 倍，年均增长率高达 7% 左右，远高于同期全球贸易的平均增长率。从图 2 - 1 还可以看出，近年来，虽然全球范围内的 FTA 增加速度有所放缓，但是，其绝对数量一直在增加。另外，图 2 - 1 展示的全球范围内正在生效的 FTA 的数量，而没有包括各国正在谈判中的 FTA

数量。WTO 的统计还显示，截至 2019 年 5 月，WTO 成员登记在案的 FTA 数量接近 500 个。

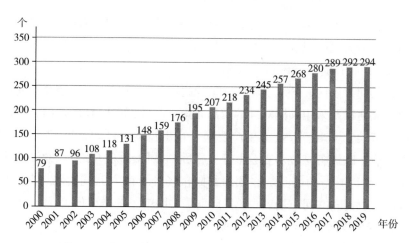

**图 2 - 1　2000 ~ 2019 年全球正在生效的 FTA 数量变化趋势**
资料来源：WTO 区域性贸易协定统计数据库。①

　　尽管全球范围内 FTA 的数量不断增长，但是，这些 FTA 在全球的分布并不均衡。从图 2 - 2 可以看出，当前欧洲国家正在生效的 FTA 数量排在全球首位，这也反映了欧洲国家经济一体化程度在全球范围内是最高的。其次是东亚国家，南美洲排在第三位。这里需要指出的是，东亚国家的中国、日本、韩国等国家积极实施自由贸易区战略，成为全球区域经济一体化发展最快的地区。从图 2 - 2 还可以看出，加勒比地区与西亚地区的区域经济一体化进程是最缓慢的，这也在一定程度上反映了这些地区经济发展的总体状况。

　　具体到不同国家，签署生效的 FTA 和在谈的 FTA 数量差异也非常大。图 2 - 3 表明，目前欧盟作为一个整体，其签署生效的 FTA 和在谈的 FTA 数量都是全球最多的。排在前列的国家还有韩国、日本、土耳其、印度、中国等。需要指出的是，近年来中国虽然积极推动自由贸易区战略，但中国签署生效的自由贸易协定数量在全球范围内并不算高，到 2019 年签署生效的 FTA 只有 15 个（其中包括中国与香港、澳门、台湾地区三个区域签署的优惠性贸易协定），比印度签署生效的 FTA 数量还少 1 个。

---

　　① http：//rtais. wto. org/UI/PublicMaintainRTAHome. aspx.

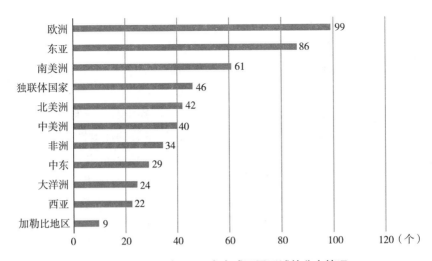

**图 2-2　2019 年 FTA 在全球不同区域的分布情况**

资料来源：WTO 区域性贸易协定统计数据库。①

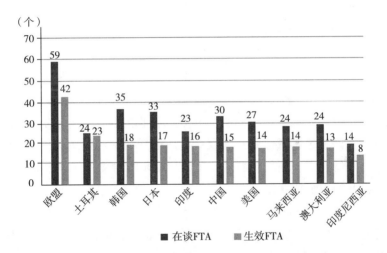

**图 2-3　全球主要国家或地区在谈与生效的 FTA 数量**

注：数据截至 2019 年 6 月。

资料来源：WTO 区域性贸易协定统计数据库。②

## 2.2.2　全球 FTA 的变化趋势

20 世纪 90 年代以来，世界范围内的区域性贸易协议数量快速攀升，

①　http：//rtais. wto. org/UI/PublicMaintainRTAHome. aspx.

②　http：//rtais. wto. org/UI/PublicMaintainRTAHome. aspx.

若综合其发展模式，可发现以下三个主要趋势：一是以经济整合层次较低的自由贸易区协议的签署最为普遍；二是地理上距离不再是优先考虑谈判对象的根据；三是协议的内容涵盖范围大幅扩大。

**1. 自由贸易区协议（FTA）成为主要形式**

根据 WTO 官方网站的统计数据，截至 2007 年 1 月，全球共有 380 项区域性贸易协议在 WTO 登记备案，在这些已经签署的优惠性贸易协议中，自由贸易区（FTA）大约占 90%，关税同盟（Custom Union，CU）占 10%。主要原因是自由贸易区的整合层次较低，成员对国内产业政策以及针对非成员的关税政策调整的幅度较小，而关税同盟不仅要求成员彼此开放市场，而且需要协商指定共同的对外关税政策，因此达成协议的难度较大。

**2. 跨洲区域性贸易协议成为主流**

根据国际贸易中的引力模型（gravity model），地理距离是影响双边贸易往来的主要因素，因为较近的地理位置可以降低运输成本。因此，地理位置邻近的国家之间签署区域性贸易协议，具有更大的贸易创造效应。不过，近年来随着经济全球化的深入发展以及通信技术的快速进步，距离因素的重要性已经退居次要位置，例如巴格瓦蒂和帕纳加尼亚（Bhagwati and Panaganiya，1996）的研究发现，区域性贸易协议的经济效应与签约国间地理上距离并无直接的关系，相反，地理距离远、产业的比较优势差异大的国家间签署区域性贸易协议后，所创造的福利效应会更大①。近年来，中国与智利、中国与新西兰、澳大利亚和新加坡、日本与新加坡等跨洲自由贸易协议成为主流。

**3. 区域性贸易协议涵盖的内容扩大**

近年来区域性贸易协议还存在一个新的特征，即议题内容的扩增。由于多边贸易谈判在农业、金融以及服务业等领域遇到了巨大阻力，区域性自由贸易协议为这些领域的自由贸易提供了新的途径。当前区域性贸易协议不仅就商品贸易自由化进行协商，包括服务贸易、金融、投资、产品检验检疫等议题，另外，电子商务、环保等贸易便捷化与经济合作也成为近年来区域性贸易协议的内容。

---

① 例如，2005 年我国已经分别与智利和新西兰签署了自由贸易协议，但是，与邻近的韩国和日本之间的自由贸易谈判却进展不大。

## 2.3　主要国家自由贸易区战略

所谓自由贸易区战略指一个国家建设自由贸易区的目标、原则、措施和任务等。不同国家的自由贸易区战略往往属于该国经济与政治总战略的一部分。2008 年国际金融危机爆发以来，徘徊多年的全球多边贸易体制更是停滞不前，全球经贸格局发生深刻改变，世界贸易增长普遍乏力、贸易保护主义在众多国家不断抬头升温，但是，以区域贸易优惠安排为主要形式的区域经济合作继续蓬勃发展，欧盟、美国、日本、韩国等发达国家和地区为适应全球形势新变化，纷纷调整并加速推进区域性的自由贸易区战略，全球区域经济一体化进入了新一轮的快速发展时期。

### 2.3.1　美国自由贸易区战略

作为全球最大的经济体，美国是全球积极实施自由贸易区战略的国家之一。根据 WTO 的统计数据，截至 2020 年底，美国已经签署生效的 FTA 数量为 14 个。其中美国和加拿大 1988 年签署的美加自由贸易协定是美国最早签署的自由贸易协定。[①]

#### 1. 美国自由贸易区战略的主要目标和任务

维护美国在世界上经济与政治霸权是美国实施自由贸易区战略的根本目的。而贸易与经济增长是维护美国霸主地位的基础和主要支柱。二战后，美国成为全球经济与政治当之无愧的霸主，但是，随着其他国家尤其是中国、印度等发展中国家的经济实力不断提高，美国的压力越来越大。为了继续维护其霸主地位，美国不仅在军事上维持其不容挑战的地位，在经济上也推行"美国优先"战略，以遏止中国等国家经济的快速发展。另外，自由贸易区战略也是美国推行其价值观和地缘政治的有力工具。正如美国前任总统奥巴马在多次演讲中反复强调的，美国推行自由贸易区战略的主要目标之一就是主导全球贸易规制的制定，不让中国等新兴市场国家"改写全球经济规则"。[②] 因此，美国自由贸易区的战略目标十分明确：主导规则制定、巩固盟友关系、防范潜在竞争对手。而近年来，随着中国的

---

① 1992 年，美国、加拿大和墨西哥三国在美加自由贸易协定的基础上签署了北美自由贸易协议（North American Free Trade Agreement，NAFTA）。

② 朱颖：《美国全球自由贸易协定战略》，华东理工大学出版社出版 2012 年版。

经济实力和国际影响不断增强，中国被美国政客认定为最大潜在竞争对手，必然成为美国实施自由贸易区战略中的主要遏制对象。

**2. 美国自由贸易区战略的对象和布局**

自由贸易区战略对象就是一国在自由贸易区战略中优先考虑与之构建自由贸易区的其他国家、地区或区域贸易集团。自由贸易区战略目标、战略原则决定其战略布局，而战略布局则是一国对自由贸易区战略对象选择的基础和依据。在美国方面，根据其自由贸易区战略的布局特点，可以看出美国自由贸易区战略对象的选择有如下特点：第一，初期，以美国周边国家为主要对象，如加拿大和墨西哥等国家；第二，中期，以南美大陆国家和加勒比海周边国家为主，如中美洲5国（洪都拉斯、危地马拉、哥斯达黎加、萨尔瓦多、尼加拉瓜），以及加勒比海周边国家，如哥伦比亚、多米尼加共和国、巴拿马、智利、秘鲁等成为美国签署自由贸易协定的主要对象；第三，目前，美国的重要盟友国家如日本、韩国、澳大利亚、新加坡等，另外，考虑到对中国的牵制作用，美国也积极考虑与越南、印度等东南亚国家展开自由贸易协定的谈判。

**3. 美国自由贸易区战略的模式**

美国在进行自由贸易协定谈判时，坚持"规则优先，优质高标，全面推进，一步到位"。美国自由贸易区战略模式取决于其战略目标，即维护其在经济政治上的霸主地位。因此，美国在进行自由贸易协定谈判时，也是采取美国利益优先的基本原则，全面推进，一步到位。谈判的内容不仅涉及关税减免，而且涉及贸易便利化，不仅涉及工业品贸易，而且还涉及农产品贸易；不仅涉及贸易，而且还涉及投资；等等，甚至还有意将政府补贴政策、知识产权保护、政府采购、劳工标准等内容加入谈判内容，以阻止中国的加入。

总之，自由贸易区战略不仅是美国主导国际贸易活动和国际规则的工具，也是美国推行其经济、政治制度的重要工具，其实质在于维护其经济和政治的霸主地位。

**2.3.2　欧盟自由贸易区战略**

欧盟在全球最早实施区域性优惠贸易协定战略。但2008年受美国次贷危机爆发后，欧盟多个国家经济增长陷入困境，欧元区多国的主权债务危机持续恶化。为了挖掘新的经济增长点，欧盟把加快发展自由贸易协定（FTA）作为主要战略规划，加大开拓新的贸易伙伴的力度，在原有签署自由贸易协定的基础上，在全球范围内开展与实施自由贸易区战略。2010

年 11 月欧盟公布了《贸易、增长与全球事务》，规划了 2010~2015 年自贸区战略的基本规划。到目前为止，除中国外，欧盟已将几乎所有重要的贸易伙伴都纳入了自贸区布局中。

**1. 自贸区战略路线图遍及全球**

随着欧盟自贸战略的加速推进，与欧盟签署自贸区的国家和地区已遍及全球，主要有 11 个，分别是亚洲的韩国、格鲁吉亚、亚美尼亚，美洲的墨西哥、哥伦比亚、秘鲁、智利、洪都拉斯、尼加拉瓜、巴拿马以及非洲的南非。除此之外，欧盟自贸区建设覆盖的国家和地区也在不断拓展，而亚洲作为全球经济的主要新兴增长点，欧盟将亚洲国家列为其自贸战略布局中的重点。欧盟与新加坡、乌克兰、哥斯达黎加、摩尔多瓦、萨尔瓦多、危地马拉等国家和地区已经达成自贸协定但尚未落实；与美国（跨大西洋贸易投资伙伴协定）、日本、印度、加拿大、泰国、马来西亚、越南、摩洛哥、海合会（海湾阿拉伯国家合作委员会）、南共市（南方共同市场，MERCOSUR）、非加太国家集团 11 个国家和地区组织正在谈判自贸协定；与东盟、中国和巴西等正在规划自贸协定。并且，欧盟还与土耳其、瑞士、以色列等 11 个国家和地区签署了联系国协定、经济伙伴协定和关税同盟协议等关税优惠协定。

**2. 自贸区战略转向追求"公平贸易"**

在金融危机的重创下，欧盟不仅加快了在全球建立贸易伙伴的步伐，大力推进自贸战略布局，而且调整了贸易政策的取向，实行"攻防并举"措施，强化贸易的"防御"功能：在贸易政策上，从"自由贸易"为主导，转向以"公平贸易"为先导；在贸易体系上，从"巩固和加强以世界贸易组织（WTO）为核心的多边贸易体系"，转向双边贸易优惠和地区性贸易优惠协定，力图通过自由贸易协定谈判（FTA），加强和推进更有利于欧盟的区域性贸易关系。

## 2.4 中国自由贸易区战略

作为全球最大的货物贸易国，中国一方面在 WTO 框架内积极推动全球贸易自由化，另一方面，中国根据国内外经济形势的变化，积极与相关国家进行区域性自由贸易谈判。事实上，实施自由贸易区战略，是中国新一轮对外开放、推动形成全面开放新格局和贸易强国建设的重要内容。

**1. 中国加快自由贸易区建设的动因**

中国推进自贸区建设既是被动需要，也是主动寻求。其中既有经济因素，也有地缘政治因素。一方面，由于众多原因，WTO 框架下的多哈回合谈判停滞，区域性的 FTA 可以进一步提高中国的开放水平和质量，进一步拓展中国开放型经济新形式、新空间，形成全方位开放新格局，充分利用国内国外两种市场两种资源，更好地服务和满足国内经济发展和消费者不断增长的消费需求，这是主动而为。另一方面，美国、欧盟、日本、韩国等国家和地区组织纷纷加快区域性的自由贸易区战略，由于区域性的自由贸易协定具有排他性的贸易破坏效应，它的建立虽然有利于增加成员之间的贸易，但是也会破坏成员与非成员之间的贸易。因此，如果中国不参与其中，就会被排除在外，导致贸易和经济利益受损。所以，积极地推进自贸区建设，可以避免被孤立、被边缘化。

因此，中国积极推进与周边国家或者与我国经济互补性强的国家进行自由贸易协定谈判。实施自由贸易区战略已经被提升到了我国国家战略的高度。中共十七大报告首次提出要"实施自由贸易区战略，加强双边多边经贸合作"；"十二五"规划中提出要"引导和推动区域合作进程，加快实施自由贸易区战略"；中共十八大报告提到要"统筹双边、多边、区域次区域开放合作，加快实施自由贸易区战略"。另外，自由贸易区战略也是中共十九大报告和"十四五"规划中的重要内容。中国的自贸区战略虽然起步晚，但是发展比较迅速。从 2002 年开始至 2020 年底，中国已经建成了 17 个自由贸易区，并且还在积极推动多个自由贸易区的谈判。具体情况如表 2-1 所示。

表 2-1　　　　　　　　　中国已签署或在谈的 FTA 目录

| 进展阶段 | FTA 协议 |
| --- | --- |
| 已签署生效的 FTA 协议 | 中国与中国香港特区 CEPA |
| | 中国与中国澳门特区 CEPA |
| | 中国与中国台湾地区 ECFA |
| | 中国—东盟 |
| | 中国—巴基斯坦 |
| | 中国—智利 |
| | 中国—新西兰 |
| | 中国—新加坡 |
| | 中国—秘鲁 |
| | 中国—哥斯达黎加 |

| 进展阶段 | FTA 协议 |
| --- | --- |
| 已签署生效的 FTA 协议 | 中国—冰岛 |
| | 中国—瑞士 |
| | 中国—韩国 |
| | 中国—澳大利亚 |
| | 中国—格鲁吉亚 |
| | 中国—柬埔寨 |
| | 区域全面经济合作伙伴关系（RCEP） |
| 正在谈判中的 FTA 协议 | 中国—海合会 |
| | 中国—挪威 |
| | 中日韩 |
| 正在研讨的 FTA 协议 | 中国—印度 |
| | 中国—哥伦比亚 |

资料来源：作者收集整理得出。

### 2. 中国自由贸易区建设面临机遇与挑战

随着中国经济总量的快速增长以及经济全球化不断深化，中国在全球经济发展中的作用与日俱增。据统计，到 2019 年，中国对世界经济增长的贡献达到了 30% 左右，超过美国成为全球经济增长的最大动力。作为"世界工厂"，中国纺织服装、家电家具、机械设备等产品价廉物美，在世界范围内广受欢迎。同时，中国超大的消费人群和消费市场，也是国外很多企业梦寐以求的市场。另外，中国政府坚持走改革开放的发展道理，坚持互利共赢和"人类命运共同体"的经济交往理念，也受到了越来越多国家的欢迎。因此，近年来，主动与中国进行自由贸易区谈判的国家也日趋增多。目前，在中国周边国家中，除了印度等少数国家外，其他的主要经济体均已同中国签署了自由贸易协定。在全球主要经济体中，中国也是签署自由贸易协定最多的国家。根据中国商务部的统计，2020 年，中国已经签署生效的 FTA 数量达到 17 个，而同期美国签署生效的 FTA 数量只有 14 个。[1]

综上，中国将实施自由贸易区战略上升到国家战略的高度，不仅是为了拓展国际市场多元化、培育新的比较优势和国际竞争力、通过国内国际市场深度融合提高资源配置效率，也是为了实现互利共赢、体现大国担当、推进全球贸易和投资自由化的重要举措。

---

① 数据来源：中国商务部自由贸易区服务网，http：//fta. mofcom. gov. cn。

# 第3章 相关文献综述

与本研究相关的文献分为三大块：第一，FTA 相关文献；第二，异质企业贸易理论；第三，可计算局部均衡模型构建与运用。其中第一部分文献是本研究的现实依据和起点，第二部分文献为本研究提供了微观理论框架，第三部分文献为本研究行业层面的理论与实证提供了支撑。

## 3.1 FTA 的相关研究

根据研究内容和方法的不同，这些文献可以分为如下几个方面：

### 3.1.1 FTA 盛行的原因分析及其对全球自由贸易体系的影响

#### 1. FTA 盛行的原因分析

随着 FTA 在全球范围内的盛行，一些学者从经济、民主制度、地缘政治等不同视角探讨了 FTA 快速发展的原因，这部分文献以理论分析居多。克鲁格曼（1991，1993）、巴格瓦蒂（1993，2008）、巴格瓦蒂和斯泰格（Bagwell and Staiger，2004）等文献认为，WTO 框架下的全球自由贸易谈判受阻是区域性自由贸易协定盛行的主要推力。曼斯菲尔德和米尔纳（Mansfield and Milner，2012）、杜尔等（Dür et al.，2014）等文献认为，相对于 WTO 框架下，在成员较少的 FTA 框架下更加容易达成贸易协议，这也是 FTA 快速增加的重要原因。曼斯菲尔德和皮夫豪斯（Mansfield and Pevehouse，2000）、马丁等（Martin et al.，2008，2010）、维卡尔（Vicard，2008）等文献从政治经济学视角进行了分析，认为追求地缘政治的稳定是有关国家签署 FTA 的原因。爱格和拉驰（Egger and Larch，2008）探讨了地理位置对国家之间签署 FTA 的影响，陈和乔希（Chen and Joshi，2010）分析了第三方的影响。

## 2. 主要国家的 FTA 战略

刘重力和杨宏（2012）分析了中国 FTA 战略的区位选择问题，认为中国的 FTA 战略重心应该放在东亚地区，该文还探讨了美国 FTA 战略对中国 FTA 战略的影响。盛斌和果婷（2014）探讨了亚太地区经济一体化对中国 FTA 战略的影响。张婷玉（2014）、孔繁颖和李巍（2015）重点分析了美国的 FTA 战略。张中宁（2018）从战略目标、任务、原则、定位、对象、模式、效益等众多方面对中美两国 FTA 战略进行了全面深入的分析；牛欢欢（2013）对比分析了中日韩三国的 FTA 战略。类似的研究还包括匡增杰（2013）、倪月菊（2013）、沈铭辉和李天国（2017）、邱龙宇（2020）等。

## 3. FTA 全球自由贸易体系的影响

凯南和雷兹曼（Kennan and Riezman，1990）、巴格瓦蒂（1991）是最先分析这个问题的文献之一。近年来，随着 WTO 框架下的自由贸易谈判停滞不前以及全球范围内 FTA 数量的快速增加，FTA 如何影响全球自由贸易成为一个热门话题，相关文献不断增加。然而，关于区域性贸易协定如何影响 WTO 框架下的全球自由贸易体系，已有文献存在两种截然相反的观点。但凯南和雷兹曼（1990）、理查森（Richardson，1993）、巴格韦尔和斯泰格（Bagwell and Staiger，1999）、爱格和拉驰（2008）、泰司和小西（Taiji and Konishi，2007）、赛德曼（Seidmann，2009）等文献认为，由于 WTO "非歧视性原则" 要求所有成员在对某个成员降低关税时，其他成员也应享受相同待遇，因此，区域性自由贸易协定有利于全球自由贸易的实现。

但是，克鲁格曼（1992）、利维（Levy，1997）等学者认为，成员能从双边自由贸易协定中获得利益，从而降低了它们追求全球贸易自由化的动力，因此区域性自由贸易协定阻碍了全球多边贸易自由化的进程，并进而导致全球多边自由贸易系统的崩溃。得到类似结论的文献还包括克里希纳（Krishna，1998）、巴格韦尔和斯泰格（2004）、奥尼拉斯（Ornelas，2005）、萨吉（Saggi，2006）、清泷信宏和宫川（Kiyotaki and Miyakawa，2013）、米森斯等（Missios et al.，2016）、斯托亚诺夫和伊尔迪兹（Stoyanov and Yildiz，2015）、萨吉等（Saggi et al.，2020）。

## 3.1.2　FTA 的经济效应

贸易效应是 FTA 最直接的经济影响，也是相关文献研究的重点内容。关于 FTA 贸易贸易效应的理论研究。维纳（Viner，1950）是研究

FTA 贸易效应的开山之作，维纳首次将 FTA 的贸易效应区分为贸易创造效应（trade creation effect）和贸易转移效应（trade diversion effect）。

关于 FTA 贸易效应的实证研究。国内外文献往往利用引力模型来实证考察 FTA 贸易效应的大小。后续的文献以实证居多，引力模型（gravity model）是最常用的工具，这些文献的共同特点就是将自由贸易协定作为一个外生的虚拟变量引进引力模型，然后进行实证分析。廷伯根（Tinbergen，1962）是最先利用引力模型来分析 FTA 贸易效应的文献。几乎所有的实证文献均表明，FTA 对成员之间的贸易具有显著的促进作用（即贸易创造效应）。例如拜尔和伯格斯特兰（Baier and Bergstrand，2007）基于全球 FTA 数据，利用引力模型实证考察了其贸易创造效应，实证发现，平均而言，大约 10 年后 FTA 将使成员之间的贸易额翻倍。戴等（Dai et al.，2014）利用拜尔和伯格斯特兰（2007）的方法实证考察了 FTA 的贸易转移效应。类似的文献包括海德和里森（Head and Ries，1999）、马吉（Magee，2003）、罗马利斯（Romalis，2007）、奇波利纳和萨尔瓦蒂奇（Cipollina and Salvatici，2010）、维卡德（Vicard，2011）、安德森和约托夫（Anderson and Yotov，2016）、施皮尔克等（Spilker et al.，2018）等。

国内的相关文献包括郎永峰和尹翔硕（2009）、李荣林和赵滨元（2012）、屠新泉和邱薇（2011）、赵亮和穆月英（2013）、程伟晶和冯帆（2014）、王开和靳玉英（2014）、沈铭辉和张中元（2015）、梁琦和吴新生（2016）、钱学锋和龚联梅（2017）、韩剑等（2018）、孙金彦（2020）等。另外，扬勇等（2020）、孙林等（2020）还实证考察了中国 FTA 战略对中国出口产品的质量影响。

虽然引力模型用来实证考察贸易流量比较给力，但正如安德森和威库珀（Anderson and Wincoop，2003）指出，由于缺乏完善的理论支撑，国际贸易引力模型易导致估计结果的偏差。另外，引力模型在分析贸易结构与贸易条件变化、就业、收益以及社会福利等方面显得有些力不从心。

### 3.1.3 FTA 的投资效应

FTA 如何影响相关国家的国外直接投资（FDI）也是一个热点问题。尼里（Neary，2009）、瓦尔德基奇（Waldkirch，2010）、叶雅提等（Yeyati et al.，2003）、莱德曼等（Lederman et al.，2005）、蒋（Jang，2011）、梅德韦捷夫（Medvedev，2012）、李等（Li et al.，2016）等文献实证分析得到类似的结论：FTA 促进成员之间的 FDI 增加。安特拉斯和弗莱（Aantras and Folay，2009）扩展了赫尔普曼等（Helpman et al.，2004）异质企业贸易模

型，从理论上考察了 FTA 对 FDI 的影响，并实证得出东盟自由贸易区导致美国对东盟国家的 FDI 有显著增加。李等（Li et al.，2016）考察了中国—东盟自由贸易协定对有关国家 FDI 的影响。国内学者鲁晓东和李荣林（2009）、武娜（2009）、佟家栋等（2010）、陈丽丽和余川（2011）、董有德和赵星星（2014）从不同视角分析了 FTA 对有关国家 FDI 的影响。

FTA 的环境影响。为了考察发达国家与发展中国家之间的 FTA 是否会导致发展中国家的环境污染加重，科尔卡瓦（Kolcava，2019）利用 1987～2013 年 183 个国家的相关数据，构建面板数据模型进行了实证分析，实证结果表明，FTA 确实存在环境污染转移效应，即 FTA 加重了发展中国家的环境污染，类似的文献包括李和周（Li and Zhou，2016）、切尔尼沃尚（Cherniwchan，2017）等。鉴于此，近年来很多国家在进行 FTA 谈判时增加了环境条款（environmental provisions），以防止 FTA 加重本国的环境污染。布兰迪等（Brandi et al.，2020）则实证考察了 FTA 协定中的环境条款是否有助于降低 FTA 成员之间的环境污染转移问题，实证发现 FTA 中的环境条款确实能够减少成员之间污染较大的产品贸易，同时增加清洁产品的贸易。

### 3.1.4　FTA 的福利效应

关于 FTA 福利效应的理论研究。科斯和雷兹曼（Kose and Riezman，2000）、邦德等（Bond et al.，2004）通过构建捐赠模型（endowment model）从理论上分析了 FTA 的福利影响，推导得出 FTA 会增加成员的福利水平。川端康成等（Kawabata et al.，2010）、柳濑等（Yanase et al.，2012）、川端康成和高拉巴（Kawabata and Takarada，2015）则通过构建寡占竞争模型（oligopoly model）来揭示 FTA 福利影响的内在机理。例如根据川端康成和高拉巴（2015）的理论分析，不论是产量竞争还是价格竞争，FTA 不仅增加了成员的福利水平，而且也使得非成员的福利增加。比较而言，理论分析的文献数量比较有限。

关于 FTA 福利效应的实证分析。可计算一般均衡模型是实证考察 FTA 福利影响最常用的工具。可计算一般均衡模型（computable general equilibrium model，CGE 模型）近年来在国际贸易领域尤其是 FTA 的经济效应方面得到非常成功的应用。CGE 模型属于反事实分析（counter factual analysis），它可以比较全面地实证考察某项政策变化对众多行业和国家的经济与福利影响。GTAP（Global Trade Analysis Project model）模型属于 CGE 模型的一种，在国际贸易领域得到较多应用。

FTA 的福利效应实证文献比较丰富。布朗等（Brown et. al，1991）最先应用一般均衡（CGE）模型来对北美自由贸易区（NAFTA）可能的经济效应进行模拟分析。高希和拉奥（Ghosh and Rao，2005）利用一个动态的可计算一般均衡（CGE）模型，实证考察了加拿大和美国建立关税同盟对美国、加拿大和墨西哥三国的经济影响。西里瓦德纳（Siriwardana，2007）利用可计算一般均衡的 GTAP 模型实证考察了美国—澳大利亚自由贸易区的经济效应。在国内，杨军等（2005）、周曙东等（2006）利用可计算一般均衡的 GTAP 模型，模拟分析了中国和澳大利亚自由贸易区建成后对中澳两国经济活动的影响。薛敬孝等（2003）、黄凌云、张伟（2007）则利用一般均衡的 GTAP 模型，实证考察了中日韩三国建立自由贸易区的经济效应。

彼得里和普卢默（Petri and Plummer，2016）利用 CGE 模型预测了跨太平洋伙伴关系协定（TPP）的福利影响，模拟结果表明，美国将是 TPP 的最大受益者，日本、越南等其他成员的福利水平也会有不同程度增加。李和沃利（Li and Whalley，2014）利用 CGE 模型预测了 TPP 建立对中国的影响，发现 TPP 的建立虽然对中国的福利产生不利影响，但影响比较有限。类似的文献有卢瑟福和马丁内斯（Rutherford and Martinez，2000）、彼得里（Petri，2011）、彼得里等（Petri et al.，2012）、伊塔库拉和李（Itakura and Lee，2012）、伊文奈特和弗里茨（Evenett and Fritz，2015）、卡里恩多和帕罗（Caliendo and Parro，2015）、李和沃利（2016）等。

部分学者则利用一般均衡理论（CGE）模型或者全球贸易分析（Global Trade Analysis Project，GTAP）模型对 TCEP 潜在的经济与福利影响进行实证考察。陈淑梅、倪菊华（2014）运用 GTAP 模型模拟分析了RCEP 完全建成时的宏观经济效应，结果显示，绝大多数成员的 GDP 将有显著增长。汤婧（2014）运用 GTAP 模型估算了 RCEP 对中国经济、贸易以及各产业的影响。少数学者还比较分析了 RCEP 同其他自由贸易协定经济影响的差异性。赵亮、陈淑梅（2015）采用 GTAP 模型事前预测中韩自贸区、中日韩自贸区和 RCEP 建成后对我国经济增长的影响情况分析。伊塔库拉（Itakura，2013）运用 CGE 模型模拟分析东盟贸易自由化的潜在经济影响。郑和同宗（Cheong and Tongzon，2013）、孟猛、郑昭阳（2015）等运用 CGE 模型比较分析了 RCEP 和 TPP 的潜在经济和福利影响。张珺、展金永（2018）利用 GTAP 模型比较分析了 CPTPP 和 RCEP 对亚太主要经济体的经济效应的差异性。

## 3.2　异质企业贸易理论

无论是传统贸易理论还是新贸易理论（new trade theory），其研究对象均为行业，认为贸易利得主要来源于行业间的资源配置。21 世纪初出现的异质企业贸易理论（heterogeneous firms trade theory）将国际贸易研究对象推进到微观企业层面，成为当前国际贸易理论研究的最前沿。鲍德温（Baldwin，2005）等将这类基于企业异质性的贸易理论称为"新新贸易理论"（new－new trade theory）。企业异质性与贸易存在成本是"新新贸易理论"对传统贸易理论与新贸易理论的两大突破。

梅里兹（2003）和贝玛德等（Bemard el at.，2003）是异质企业贸易理论的开山之作。梅里兹（2003）通过引进生产率不同的异质企业和贸易成本两个关键变量，扩展了克鲁格曼（1980）的贸易模型，分析了贸易开放对行业内不同企业的影响，主要结论是：贸易开放将会提高工资和其他要素价格，从而提高国内市场生产率门槛和国际市场生产率门槛，迫使行业内生产率最低的企业退出市场，行业内资源重新配置，提高行业整体生产率。

最近几年，国外异质企业贸易理论方面的文献不断增加，但几乎都是对梅里兹（2003）和贝玛德等（2003）经典模型的拓展和实证检验，如赫尔普曼、梅里兹和耶普尔（Helpman，Melitz and Yeaple，2004）、耶普尔（Yeaple，2005）、钱尼（Chaney，2008）、鲍德温和福斯里德（Baldwin and Forslid，2009）、梅里兹和雷丁（Melitz and Redding，2013）、安东尼亚德斯（Antoniades，2015）、乌伦（Ourens，2016）等。国内异质企业贸易理论方面的文献开始不断出现，例如樊瑛（2008）、李春顶、王领（2009）、陈策（2010）、宫旭红、蒋殿春（2015）、曹驰（2015）、祝树金、张鹏辉（2015）等。陈勇兵等（2016）对国内外异质企业贸易理论的相关研究进行了综述。

## 3.3　可计算局部均衡模型及其应用

在分析 FTA、关税减让等贸易政策变化的经济影响中，可计算的一般均衡（CGE）模型应用广泛，但由于 CGE 模型需要考虑产品市场、要素市场等众多市场的同时均衡，因此需要收集大量的数据和求解大量的方程，而且 CGE 模型的运算过程缺乏透明性和灵活性，在数据更新较慢等因素的影响下，CGE 模型在实际应用中受到很大限制。为了克服一般均衡分析模型的不足，一些可计算的局部均衡模型应运而生。

弗朗索瓦和霍尔（1997）基于著名的 Armington 假设，构建了"商业贸易政策分析系统"（commercial policy analysis system，COMPAS 模型）。但 COMPAS 模型属于两国模型，为此，弗朗索瓦和霍尔（2003）将 COMPAS 模型拓展为全球视角的"全球模拟模型"（Global Simulation Model，简称 GSIM 模型）。GSIM 模型可以从行业层面模拟分析某项贸易政策的变化对众多有关国家同一行业生产、贸易、就业等指标的影响大小。为了提高模拟结果的准确性，弗朗索瓦和霍尔（2009）进一步提出了非线性的 GSIM 模型。同 CGE 模型相比，可计算局部均衡只需考虑单个产品市场的均衡，因此需要求解的方程大大减少，只需收集有限的数据，即可对特定贸易政策的变化在行业层面的经济与福利效应进行预测，具有更大的灵活性和可操作性。

近年来 COMPAS 模型在学术研究和政府部门得到越来越多的应用。乔恩（Jione，2004）对 COMPAS 模型的基本假设、结构、应用等进行了非常详细的阐述，并运用 COMPAS 模型考察了北美自由贸易区对美国土豆生产与出口的影响。李淑媛（2006）利用 COMPAS 模型分析了进口倾销对我国台湾地区钢铁行业的影响大小。李荣林、鲁晓东（2006）利用 GSIM 模型，从产业层面模拟了中日韩自由贸易区建成后的福利效应。彭支伟、张伯伟（2012）、杨励等（2016）利用 SMART 模型分析了中国自由贸易区建设对乳制品等行业的影响大小。向洪金、赖明勇（2013）利用 GSIM 模型考察了美国对华光伏产品"双反"措施的福利效应。韩剑、庞植文（2017）利用 SMART 模型模拟中加自贸区建立的关税削减给贸易双方带来的经济影响。匡等（Kuang et al.，2019）利用 GSIM 模型实证考察了美国对华光伏反倾销的福利影响。类似的研究还包括黄智辉（2008）、柯孔林等（2017）、向等（Xiang et al.，2017）、向等（Xiang et al.，2020）等。另外，GSIM 模型还被美国、加拿大以及部分发展中国家的政府机构用于评估倾销、反倾销等贸易政策在行业层面的经济影响。

## 3.4 对国内外研究 FTA 问题的文献评述

综上所述，FTA 的经济影响受到国内外学者的广泛关注，研究成果十分丰富，但在以下几个方面仍有待深入研究：

（1）关于 FTA 福利效应的微观机理有待深入探究。由于古典贸易理论与新贸易理论的缺陷，加上微观数据的缺乏，已有文献以宏观研究居多，而企业层面的理论与实证分析比较鲜见。微观机理的缺乏不仅导致 FTA 经济与福利效应成为一个暗箱，而且也会降低行业和宏观层面的实证分析的准确性。

（2）已有研究聚焦 FTA 关税减让的经济效应，往往忽略了 FTA 贸易便利化的经济与福利影响。近年来，贸易便利化（trade facilitation）成为各国 FTA 谈判中的主要议题。由于贸易便利化主要影响非关税成本，因此其经济影响的机制与大小也必然不同于关税减让。翟（Zhai，2010）、切尔卡申等（Cherkashin et al.，2015）等文献的实证结果表明，同等幅度的贸易便利化的经济影响要远远大于关税减让的经济影响。因此，FTA 贸易易便利化的福利效应具有重要的理论与现实意义，值得深入探究。

（3）FTA 在行业层面福利效应的机理以及测度还有待深入探讨。大多已有文献中利用一般均衡模型（CGE）对 FTA 在宏观层面的福利效应进行了测度。由于不同行业在产业结构、供需弹性等方面往往存在很大差异，因此，准确预测 FTA 在行业层面的经济与福利影响大小，这对企业经营决策与政府贸易政策的制定往往具有更大的参考价值。

# 第4章 FTA 行业层面经济与福利影响：
# 基于战略性贸易政策理论的分析

传统贸易理论建立在完全竞争的市场结构与规模经济不变两个基本假设的基础上。这两个基本假设与绝大多数行业的基本现实往往不符合，从而大大降低了传统贸易理论对国际贸易现实的解释力。20 世纪 80 年代出现的战略贸易政策理论克服了传统贸易理论的不足，其基本假设和主要突破体现在两个方面：一是垄断竞争的市场假设，二是规模报酬递增的假设。考虑到已有文献大多以实证为主，深入的理论分析比较缺乏，因此，本章综合应用战略贸易理论与寡占竞争理论，构建"两国三地"竞争模型，从理论上分析了 FTA 贸易创造效应和贸易破坏效应的内在机理，并进一步探讨政府进出口关税政策对本国企业国际竞争力和境外资源利用的影响，为本书后续研究提供理论铺垫。[①]

本章的主要贡献体现在如下几个方面：第一，在同一个寡占竞争理论框架下，不仅分析了 FTA 的贸易创造效应，而且分析了 FTA 的贸易破坏效应；第二，不仅分析了规模报酬递减情况下 FTA 的贸易效应，而且分析了规模报酬不变和递增情况下 FTA 的贸易效应；第三，深入揭示了 FTA 影响有关国家企业国际竞争力、企业利润以及境外资源利用等经济活动的内在机理。

## 4.1 战略性贸易政策理论在中国的适用性

战略性贸易政策（strategic trade policy，STP）以 20 世纪 70 年代末兴

---

① 区域性贸易协定主要有两种不同的形式和称呼：特惠贸易协定（Preferential Trade Agreement，PTA）和自由贸易协定（Free Trade Agreement，FTA）。PTA 与 FTA 之间很难进行精确区分，因为几乎所有 PTA 的内容都包含有 FTA 的内容成分。但是，根据 WTO 的统计，目前 90% 以上的区域性贸易协定都属于 FTA，所以本书后续章节中统一用 FTA 来指代区域性贸易协定。

起的"新贸易理论"为理论基础，以产业组织理论和市场结构理论为分析工具，形成了以内部规模经济为基础的"利润转移"理论和以外部规模经济为基础的"外部经济"理论。战略贸易政策理论的奠基性文献是布兰德和思宾斯（Brander and Spencer）的《出口补贴与国际市场份额竞争》（1985）。在该文中，布兰德和思宾斯分析了政府实行出口补贴的动机，认为出口补贴能够扩大本国企业在国际市场上的份额，因此，尽管出口补贴可能使贸易条件朝着对本国不利的方向的变动，但由于这时的价格仍然超过出口的边际资源成本，从而使出口的扩大能够提高本国福利水平。该文中采用的 Brander-Spencer 分析模型成为后来许多相关研究的研究基础。

布兰德和斯宾塞（Brander and Spencer, 1984a, 1984b）研究了在不完全竞争的国际市场上，市场需求弹性对最优贸易政策的影响，认为需求弹性对最优贸易政策（关税或补贴）起决定性作用。琼斯（Jones, 1987）的研究也指出，市场需求曲线的曲率对最优关税起决定性作用，进一步验证了布兰德和斯宾塞（1984a, 1984b）的研究结论。克鲁格曼（1984）以及布兰德和斯宾塞（1985）都认为，在规模报酬递增的条件下，保护性贸易政策可降低本国企业的边际成本，促使国际市场上的竞争朝着有利于本国的方向偏移。

越有成本优势的企业，政府进行出口补贴的可能性越大的结论得到了越来越多的关注。梅扎（Meza, 1986a）研究了出口补贴与生产率之间的因果关系，认为生产率越高、生产成本越低的企业越容易得到出口补贴。迪克西（Dixit, 1987）的研究表明，在等需求弹性的条件下，本国企业成本较低，政府的最优贸易政策反而是进行出口补贴。尼里（Neary, 1994）的研究进一步发现，只要需求函数是非凹的，政府就会对具有竞争优势的企业进行出口补贴。

## 4.2　FTA 主要贸易效应的界定

根据维纳（Viner, 1950）的定义，FTA 的贸易效应主要有两种：贸易创造效应（trade-creation effect）和贸易破坏效应（trade-destruction effect）。可以利用图 4 - 1 对 FTA 的这两种贸易效应进行一个直观的解释。

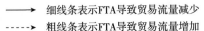

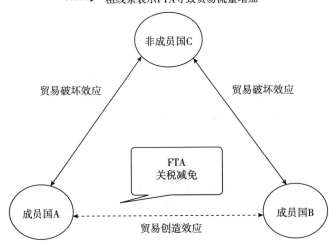

**图 4 - 1　FTA 主要贸易效应**

首先，由于 A、B 两国签署 FTA 后，对成员产品进行关税减免，成员产品的贸易成本下降，从而促进成员之间的贸易增加，这就是所谓的 FTA 贸易创造效应。在图 4 - 1 中 A、B 两国间的贸易流量线变粗，表明 FTA 使得两国的贸易增加。其次，如图 4 - 1 所示，由于 FTA 具有歧视性，关税减免只对成员有效，因此，就算成员对非成员的关税税率不变，但是，由于成员之间关税税率下降了，非成员产品在 FTA 成员市场的相对关税税率上升，从而使非成员产品在 FTA 成员市场的竞争力下降，非成员产品对成员市场的出口减少，这就是所谓的贸易破坏效应（图中用细箭头线表示）。

通过图 4 - 1 可以初步判断，FTA 的两种贸易效应中，贸易创造效应一般情况下为正，因为很有可能使该方向的贸易流量增加；而贸易破坏效应一般情况下为负，因为很有可能使相应方向的贸易流量减少。

## 4.3　FTA 贸易效应的理论分析

本节构建一个价格竞争模型，从理论上来证明 FTA 的贸易创造效应和贸易破坏效应。为了便于比较，本章分别构建了规模报酬递增和规模报酬递减两种情况下的理论模型。

### 4.3.1 规模报酬递减的"两国三地"模型

如何就反倾销贸易效应进行理论分析是相关研究的一个难点问题。国外已有的相关文献以实证居多，而正式构建理论模型进行分析的文献却很鲜见。鲍恩和克劳利（Bown and Crowley）算是一个例外，他们建立一个 Cournot 产量竞争模型，来证明反倾销措施的不同贸易效应，但模型中假设三个国家分别都只存在一家企业，生产同一种相互替代的同质（homogeneous）产品，出口国企业在第三方市场上进行产量竞争。本节通过构建一个 Bertrand 价格竞争模型来揭示 FTA 的主要贸易效应，模型的主要内容如下：

假设存在三个国家 A、B、C，其中 B 和 C 生产同种但异质（heterogeneous）的产品，并且全部出口到 A 国，出口量分别为 $q_1$ 与 $q_2$（下标 1 表示 B 国，下标 2 表示 C 国），两国产品在 A 国市场上的反需求函数如下：

$$p_1 = Q - q_1 - \delta q_2$$
$$p_2 = Q - q_2 - \delta q_1 \qquad (4-1)$$

式（4-1）中，$Q$ 表示 A 国对进口产品的总需求量；$\delta$ 表示两国产品的替代性大小（$0 \leqslant \delta \leqslant 1$），或者说表示两国产品的差异程度，$\delta$ 越大，表示两国产品差异越小，当 $\delta = 1$ 时，表示两国产品是完全同质的；$p_1$、$p_2$ 分别表示 B、C 两国产品在 A 国市场上的价格，即 B、C 两国在 A 国市场上进行价格竞争。假设 B、C 两国的生产函数相同，为了便于分析，不妨设 $c(q_i) = q_i^2$，不难证明 $c'(q_i) > 0$，$c''(q_i) > 0$，表明两国生产函数是规模报酬递减的。假设 A 国对 B、C 两国的单位产品分别征收 $t_1$ 和 $t_2$ 的关税。根据上述假设，两国企业的利润函数分别为：

$$\pi_1 = (p_1 - t_1)q_1 - c(q_1) \qquad (4-2)$$
$$\pi_2 = (p_2 - t_2)q_2 - c(q_2) \qquad (4-3)$$

假设 $B$、$C$ 两国的企业根据利润最大化来确定出口的价格和数量。由利润最大化的一阶导数，可以求得两国的最优出口量为：

$$q_1^* = \frac{(4-\delta)Q + \delta t_2 - t_1}{16 - \delta^2} \qquad (4-4)$$

$$q_2^* = \frac{(4-\delta)Q + \delta t_1 - t_2}{16 - \delta^2} \qquad (4-5)$$

显然，$B$、$C$ 两国最优出口量由 A 国对进口产品的总需求以及 A 国对 $B$、$C$ 两国产品所征关税水平 $t_1$ 和 $t_2$ 决定。现在假设 A 国和 B 国签署 FTA，导致 B 国单位出口产品对 A 国出口的关税 $t_1$ 下降。下面考察在其他条件不变时，$t_1$ 的下降如何影响 B、C 两国对 A 国的最优出口量。将均衡出口量 $q_1^*$、$q_2^*$ 分别对 $t_1$ 求导，得到：

$$\frac{\partial q_1^*}{\partial t_1} = \frac{-1}{16 - \delta^2} \qquad (4-6)$$

$$\frac{\partial q_2^*}{\partial t_1} = \frac{\delta}{16 - \delta^2} \qquad (4-7)$$

由于 $0 \leq \delta \leq 1$，所以总有 $\frac{\partial q_1^*}{\partial t_1} < 0$ 和 $\frac{\partial q_2^*}{\partial t_1} > 0$ 成立，因此，当其他条件不变时，A 国对 B 国产品关税减免时，将导致 B 国产品对 A 国的均衡出口量 $q_1^*$ 增加，因此模型的推导结果证明了 FTA 具有正的贸易创造效应；同时，$\frac{\partial q_2^*}{\partial t_1} > 0$ 表明，A 国对 B 国产品的关税减免将导致 C 国对 A 国的均衡出口量 $q_2^*$ 减少，从而证明了反 FTA 具有负的贸易破坏效应。因此，根据理论模型的推导结果，可以总结出如下命题：

命题 1：一般情况下，成员间关税减免措施将导致成员之间的贸易增加，具有贸易创造效应；成员间关税减免措施将导致非成员产品对成员的出口减少，具有贸易破坏效应。

### 4.3.2 规模报酬不变或递增时的理论模型

上文的理论模型中假设出口企业是规模报酬递减的，不过，可以证明，当将这个假设条件修改为规模报酬不变或递增时，模型得出的结论不变。为此，在保持其他假设条件不变时，只需将出口国 B 和 C 的成本函数修改为如下形式：

$$c(q_i) = f_i + c_i q_i (i = 1 \text{ 或 } 2, \text{分别表示 } B \text{、} C \text{ 两国}) \qquad (4-8)$$

式（4-8）中，$f_i$ 表示两个出口国企业的固定成本，$c_i$ 表示两出口国企业的边际生产成本，$q_i$ 表示 B、C 两国对 A 国的出口量。显然，在上面的成本函数中，当 $f_i = 0$ 时，表示两出口国企业的生产是边际成本不变的，当 $f_i = 0$ 时，表示企业的生产是边际成本递增的。根据上文中以及公式（4-8）的假设，B、C 两国出口企业的利润函数为：

$$\pi_1 = (p_1 - t_1)q_1 - (f_1 + c_1 q_1) \qquad (4-9)$$

$$\pi_2 = (p_2 - t_2)q_2 - (f_2 + c_2 q_2) \qquad (4-10)$$

由利润最大化的一阶条件，可以求得两国的最优出口量为：

$$q_1^* = \frac{(2-\delta)Q + \delta t_2 - 2t_1 - 2c_1}{4 - \delta^2} \qquad (4-11)$$

$$q_2^* = \frac{(2-\delta)Q + \delta t_2 - 2t_1 - 2c_2}{4 - \delta^2} \qquad (4-12)$$

下面考察在其他条件不变时，$t_1$ 的上升如何影响 $B$、$C$ 两国对 $A$ 国的最优出口量。将均衡出口量 $q_1^*$、$q_2^*$ 分别对 $t_1$ 求导，得到：

$$\frac{\partial q_1^*}{\partial t^1} = \frac{-2}{4 - \delta^2} \qquad (4-13)$$

$$\frac{\partial q_2^*}{\partial t_1} = \frac{\delta}{4 - \delta^2} \qquad (4-14)$$

由于 $0 \leqslant \delta \leqslant 1$，所以总有 $\dfrac{\partial q_1^*}{\partial t_1} < 0$ 以及 $\dfrac{\partial q_2^*}{\partial t_1} > 0$ 成立。$\dfrac{\partial q_1^*}{\partial t_1} < 0$ 表明，当其他条件不变时，$A$ 国对 $B$ 国产品关税减免时，将导致 $B$ 国对 $A$ 国的均衡出口量 $q_1^*$ 增加，因此模型的推导结果证明了 FTA 对成员具有贸易创造效应；同时 $\dfrac{\partial q_2^*}{\partial t_1} > 0$ 表明，$A$ 国对 $B$ 国产品关税减免将导致 $C$ 国对 $A$ 国的均衡出口量 $q_2^*$ 减少，即 FTA 对非成员与成员之间的贸易具有破坏效应。

显然，这里得出的结论同假设条件为规模报酬递减时得出的结论完全一致。

## 4.4 关税政策与本国企业国际竞争力：产量竞争模型

由于产量竞争是企业之间最常用、最简单的竞争手段，因此，本章首先构建一个古诺（Cournot）价格竞争模型，来论证 FTA 框架下政府关税政策如何影响本国企业在国际市场上的竞争力以及对境外资源的利用。

### 4.4.1 模型的基本假设和理论框架

假设存在三个国家 $A$、$B$、$C$，其中 $A$ 国是一个资源大国，$B$ 国和 $C$ 国分别都从 $A$ 进口原材料，生产质量完全相同的产品，并且全部出口到 $A$ 国，出口量分别为 $q_1$ 与 $q_2$（下标 1 表示 $B$ 国，下标 2 表示 $C$ 国），两国产品在 $A$ 国市场上的反需求函数如下：

$$p = a - (q_1 + q_2) \qquad (4-15)$$

式（4-15）中，$p$ 表示两国产品在 $A$ 市场上的价格，$Q = q_1 + q_2$ 表示

A 国对进口产品的总需求量，$a$ 为常数。

假设 $B$ 和 $C$ 两国的企业生产技术完全相同，每单位的产品需要使用一单位的进口原材料，A 国原材料的价格为 $\omega$，$\omega > 0$；$B$ 和 $C$ 两国对进口的原材料分别征收 $t_1$ 和 $t_2$ 的关税。则 $B$ 和 $C$ 两国企业的利润函数分别为：

$$\pi_1 = pq_1 - t_1\omega q_1 = [a - (q_1 + q_2)]q_1 - t_1\omega q_1 \qquad (4-16)$$

$$\pi_2 = pq_2 - t_2\omega q_2 = [a - (q_1 + q_2)]q_2 - t_2\omega q_2 \qquad (4-17)$$

式（4-16）和式（4-17）中的 $\pi_1$ 表示 $B$ 国企业的总利润，$\pi_2$ 表示 $C$ 国企业的总利润。由于本章不考虑国内消费，因此在本模型中，$B$ 和 $C$ 两国的社会福利等于企业的利润加上政府的税收收入，即：

$$w_1 = \pi_1 + t_1 q_1 \qquad (4-18)$$

$$w_2 = \pi_2 + t_2 q_2 \qquad (4-19)$$

以上是模型的主要假设，有了这些基本假设条件，我们可以从两国企业利润最大化的一阶条件出发，求解出企业的最优出口量，并由最优出口量求解出企业最大化利润函数以及最大化社会福利函数的表达式。企业利润最大化的一阶条件为：

$$\frac{\partial \pi_1}{\partial q_1} = a - 2q_1 - q_2 - t_1\omega = 0 \qquad (4-20)$$

$$\frac{\partial \pi_2}{\partial q_2} = a - 2q_2 - q_1 - t_2\omega = 0 \qquad (4-21)$$

式（4-20）和式（4-21）联立可以求出两国企业的最优出口量分别为：

$$q_1^* = \frac{a - 2t_1\omega + t_2\omega}{3} \qquad (4-22)$$

$$q_2^* = \frac{a - 2t_2\omega + t_1\omega}{3} \qquad (4-23)$$

将两国企业的最优出口量代入利润函数，可以得到两国企业的最大利润函数表达式：

$$\pi_1^* = \left(\frac{a - 2t_1\omega + t_2\omega}{3}\right)^2 \qquad (4-24)$$

$$\pi_2^* = \left(\frac{a - 2t_2\omega + t_1\omega}{3}\right)^2 \qquad (4-25)$$

两国企业的最大利润函数表明，政府的关税政策 $t$ 的改变将改变两国出口企业的最大利润，从而影响到企业的国际竞争力和境外资源利用。

### 4.4.2 政府关税政策变化对企业利润以及境外资源利用的影响

在上述理论模型的基础上，可以来分析政府关税等经济政策对企业国际竞争力以及境外资源利用的影响。现在假设 $B$ 国政府为了鼓励本国企业出口，决定降低进口资源的关税水平 $t_1$。下面我们来考察，当 $B$ 国进口关税 $t_1$ 下降后，$B$ 和 $C$ 两国企业的生产、利润以及 $B$ 和 $C$ 两国的社会福利如何发生变化。

（1）对 $B$ 和 $C$ 两国企业最优出口量的影响。首先来看，当 $B$ 国降低本国企业原材料的进口关税 $t_1$ 后，本国企业的最优出口量 $q_1^*$ 如何变化，为此，将 $q_1^*$ 对 $t_1$ 求导，得出：

$$\frac{\partial q_1^*}{\partial t_1} = -\frac{2\omega}{3} \tag{4-26}$$

由于 $\omega$ 表示原材料的价格，且 $\omega > 0$，因此总有 $\frac{\partial q_1^*}{\partial t_1} < 0$ 成立。这表明，当其他条件不变时，如果 $B$ 国政府降低本国企业境外资源的进口关税 $t_1$，将会使本国企业的最优出口量上升。

利用同样的方法可以考察 $B$ 国关税政策的变化如何影响 $C$ 国企业最优出口量。将 $q_2^*$ 对 $t_1$ 求导，得出：

$$\frac{\partial q_2^*}{\partial t_1} = \frac{\omega}{3} \tag{4-27}$$

由于 $\omega > 0$，因此总有 $\frac{\partial q_2^*}{\partial t_1} > 0$ 成立。这表明，当其他条件不变时，如果 $B$ 国政府降低本国企业境外资源的进口关税 $t_1$，将会使 $C$ 国企业的最优出口量下降。

（2）对两国企业利润的影响。先将 $B$ 国企业的最大化利润函数 $\pi_1^*$ 对 $t_1$ 求导，得出：

$$\frac{\partial \pi_1^*}{\partial t_1} = -\frac{4\omega}{3}\left(\frac{a - 2t_1\omega + t_2\omega}{3}\right) \tag{4-28}$$

式（4-28）中，括号里的部分就是 $B$ 国企业的最优产量，是非负的，由于 $\omega > 0$，因此，总有 $\frac{\partial \pi_1^*}{\partial t_1} < 0$ 成立。这表明，当其他条件不变时，如果 $B$ 国政府降低境外资源的进口关税 $t_1$，将会使本国国企业的利润增加。

再将 $C$ 国企业的最大利润函数 $\pi_2^*$ 对 $t_1$ 求导，得出：

$$\frac{\partial \pi_2^*}{\partial t_1} = \frac{\omega}{3}\left(\frac{a - 2t_1\omega + t_2\omega}{3}\right) \tag{4-29}$$

由于 $\omega > 0$，因此，总有 $\frac{\partial \pi_2^*}{\partial t_1} > 0$ 成立，这表明，当其他条件不变

时，$B$ 国政府降低境外资源的进口关税 $t_1$ 后，将会使 $C$ 国企业的利润下降。

## 4.5 关税政策与本国企业国际竞争力：价格竞争模型

### 4.5.1 模型的基本假设和理论框架

上面的模型中，为了简化分析过程，假设竞争对手 $B$ 和 $C$ 两国的企业生产的产品质量完全相同。但事实上，不同国家之间由于生产技术等差异，其生产的产品在质量上往往也不会完全相同。为了使模型的假设条件更加符合国际竞争的现实，下面我们通过构建一个 Bertrand 价格竞争模型来论证国家税收政策如何影响境外资源的利用以及企业的国际竞争力，模型的主要内容如下：

假设存在三个国家 $A$、$B$、$C$，其中 $B$ 和 $C$ 生产同种但异质（heterogeneous）的产品，并且全部出口到 $A$ 国，出口量分别为 $q_1$ 与 $q_2$（下标 1 表示 $B$ 国，下标 2 表示 $C$ 国），两国产品在 $A$ 国市场上的反需求函数如下：

$$p_1 = Q - q_1 - \delta q_2 \qquad (4-30)$$

$$p_2 = Q - q_2 - \delta q_1 \qquad (4-31)$$

式（4-30）和式（4-31）中，$Q$ 表示 A 国对进口产品的总需求量；$\delta$ 表示两国产品的替代性大小（$0 < \delta \leq 1$），或者说表示两国产品的差异程度，$\delta$ 越大，表示两国产品差异越小，当 $\delta = 1$ 时，表示两国产品是完全同质的；$p_1$、$p_2$ 分别表示 $B$、$C$ 两国产品在 $A$ 国市场上的价格，即 $B$、$C$ 两国在 $A$ 国市场上进行价格竞争。同上面的模型一样，仍然假设 $B$、$C$ 两国企业都从 A 国进口原材料进行生产，且生产函数相同。假设 B、C 两国政府对企业单位原材料进口分别征收 $t_1$ 和 $t_2$ 的关税。根据上述假设，两国企业的利润函数为：

$$\pi_1 = p_1 q_1 - t_1 \omega q_1 \qquad (4-32)$$

$$\pi_2 = p_2 q_2 - t_2 \omega q_2 \qquad (4-33)$$

假设 $B$、$C$ 两国的企业根据利润最大化来确定出口的价格和数量。由利润最大化的一阶导数，可以求得两国的最优出口价格，并进而可以两国的最优出口量为：

$$q_1^* = \frac{(2-\delta)Q + \delta t_2 \omega - 2t_1 \omega}{4 - \delta^2} \qquad (4-34)$$

$$q_2^* = \frac{(2-\delta)Q + \delta t_1 \omega - 2t_2 \omega}{4 - \delta^2} \tag{4-35}$$

进一步可以求出 $B$、$C$ 两国企业在 $A$ 国市场上的最优价格：

$$p_1^* = Q - \frac{Q(2-\delta)(1-\delta) - t_1\omega(2-\delta^2) - 3\delta t_2\omega}{4-\delta^2} \tag{4-36}$$

$$p_2^* = Q - \frac{Q(2-\delta)(1-\delta) - t_2\omega(2-\delta^2) - 3\delta t_1\omega}{4-\delta^2} \tag{4-37}$$

将两国企业的最优定价和最优出口量代入两国企业的利润函数，可以求出均衡时两国的最大利润为：

$$\pi_1^* = p_1^* q_1^* - t_1\omega q_1^* \tag{4-38}$$

$$\pi_2^* = p_2^* q_2^* - t_2\omega q_2^* \tag{4-39}$$

### 4.5.2 政府关税政策变化对企业利润以及境外资源利用的影响

以上是价格竞争模型的基本框架，我们可以在这个基本框架的基础上来分析，政府贸易政策对本国企业国际竞争力和境外资源利用的影响。现在假设 $B$ 国为了鼓励本国企业出口，降低了原材料的进口关税 $t_1$。

**1. $B$、$C$ 两国最优出口量的变化**

下面首先考察在其他条件不变时，$t_1$ 的降低如何影响 $B$、$C$ 两国对 $A$ 国的最优出口量和出口价格。将 $B$ 国均衡出口量 $q_1^*$ 对 $t_1$ 求导，得到：

$$\frac{\partial q_1^*}{\partial t_1} = \frac{-2\omega}{4-\delta^2} \tag{4-40}$$

由于 $\omega > 0$，因此总有 $\frac{\partial q_1^*}{\partial t_1} < 0$ 成立。这表明，在其他条件不变时，如果 $B$ 国政府降低境外资源的进口关税 $t_1$，将会使本国企业的最优出口量增加。再将 $C$ 国最优出口量 $q_2^*$ 对 $t_1$ 求导，得到：

$$\frac{\partial q_2^*}{\partial t_1} = \frac{\delta\omega}{4-\delta^2} \tag{4-41}$$

由于 $0 < \delta \leqslant 1$，且 $\omega > 0$，所以总有 $\frac{\partial q_2^*}{\partial t_1} > 0$ 成立，因此，当其他条件不变时，如果 $B$ 国政府降低本国企业境外资源的进口关税 $t_1$，将会使竞争对手国企业的最优出口量降低。

**2. $B$、$C$ 两国产品在 $A$ 国市场上的价格变化**

将 $B$、$C$ 两国产品在 $A$ 国市场上的最优价格 $p_1^*$、$p_2^*$ 分别对 $t_1$ 求导，得到：

$$\frac{\partial p_1^*}{\partial t_1} = \frac{\omega(2 - \delta^2)}{4 - \delta^2} \qquad (4-42)$$

$$\frac{\partial p_2^*}{\partial t_1} = \frac{3\delta\omega}{4 - \delta^2} \qquad (4-43)$$

由于 $0 < \delta \leqslant 1$，且 $\omega > 0$，所以总有 $\frac{\partial p_1^*}{\partial t_1} > 0$ 及 $\frac{\partial p_2^*}{\partial t_1} > 0$ 成立。$\frac{\partial p_1^*}{\partial t_1} > 0$ 表明，当其他条件不变时，如果 $B$ 国政府降低本国企业境外资源的进口关税 $t_1$，将会使本国产品在国际市场上的最优定价下降，从而增加本国产品在国际市场上的竞争力。$\frac{\partial p_2^*}{\partial t_1} > 0$ 则表明，当其他条件不变时，如果 $B$ 国政府降低本国企业境外资源的进口关税 $t_1$，将会使竞争对手国产品在国际市场上的最优定价格也会有所下降。其中主要的原因可能是，由于本国产品在国际市场上价格的下降，竞争对手国的企业也不得不跟随降低价格，以维持其在国际市场上的份额。

根据同样的方法，我们可以进一步探讨关税政策对两国出口企业利润的影响情况，而且，不难证明，当 $B$ 国政府降低本国企业境外资源的进口关税 $t_1$，将会使本国企业在国际市场上的利润增加，而使竞争对手国企业在国际市场上的利润下降。由于这些不是本章研究重点，因此不做详细论述。

# 4.6 结论及政策性建议

## 1. 主要研究结论

产量竞争模型和价格竞争模型的理论分析结果表明，在国际市场上，本国出口企业不论是进行产量竞争还是价格竞争，降低原材料的进口关税会提高本国产品的最优出口量和利润，而使竞争对手国企业的最优出口量和利润降低。因此，本章理论研究的第一个重要结论如下：

结论1：对于依赖境外原料或资源的出口企业来说，不论在国际市场上进行的是产量竞争还是价格竞争，如果本国政府降低原材料或中间产品的进口关税，则本国企业在国际市场上的份额和利润会增加，而竞争对手国企业在国际市场上的市场份额和利润会下降。

由于降低原材料的进口关税，进而降低企业的生产成本，可以增加本国出口导向型企业的国际竞争力，因此，降低原材料和中间投入品的进口关税是刺激本国企业出口的一项有效政策，这对于出口导向型的国家或地区来说尤其具有重要意义。

更为重要的是，对产量竞争模型和价格竞争模型中的有关结果进行比较后，可以发现，产量竞争模型中的 $\dfrac{\partial q_1^*}{\partial t_1}$ 的绝对值大于价格竞争中的 $\dfrac{\partial q_1^*}{\partial t_1}$ 的绝对值，这意味着：在政府原材料进口关税降低的幅度相同的情况下，在国际市场进行产量竞争的企业的最优出口量与进行价格竞争的出口企业的最优出口量相比，增加的幅度更大。据此，本章理论分析的第二个重要结论为：

结论2：当出口企业在国际市场进行产量竞争时，相对于国际市场上的价格竞争而言，本国降低原材料进口关税的出口刺激措施的政策效果要更加明显。

值得一提的是，本章的理论框架还可推广运用到分析许多贸易政策的经济影响。本章重点考察的是原材料进口关税政策变化对本国企业在国际市场上的竞争力以及境外资源利用的影响，但是出口退税等其他贸易政策如何影响本国企业的国际竞争力以及境外资源利用等问题，同样可以运用本章的分析框架进行研究。

**2. 政策意义**

本章的研究不仅具有重大的理论意义，而且对我国政府部门制定贸易政策和经济刺激政策同样具有重要的指导意义。

（1）我国长期以来采用关税保护政策，对进口的原材料和中间投入品征收较高的进口关税，以保护本国的基础产业。但是，本书的研究结论表明，在国际市场上无论是进行产量竞争还是价格竞争，降低原材料和中间投入品的进口关税均可以增强本国出口企业在国际市场上的竞争力，因此，适当地降低部分原材料和中间投入品的进口关税，反而有利于增强我国出口企业的国际竞争力。当前，面对全球经济不景气、我国出口贸易大幅下滑的严峻形势，我国政府降低原材料进口关税，不仅可降低我国出口企业的生产成本，增强我国出口企业的国际竞争力，而且有利于发展更高层次的开放性经济。

（2）虽然政府降低原材料进口关税能使出口企业的国际竞争力增强，但是，进口关税减免政策对产量竞争的企业的出口刺激效果要大于进行价格竞争的出口企业。因此，在实施原材料进口关税减免政策时，政府应区别对待，不能搞"一刀切"。具体而言，对于那些比较优势不明显、主要依靠产量竞争的出口行业比如钢铁、化工、电子等，政府的扶持力度应该加大。而对于那些比较优势明显、国际竞争力比较强的纺织、机电行业等，政府扶持的力度可适当减弱。

# 第 5 章　FTA 行业层面经济与福利影响：基于双边视角可计算局部均衡模型的研究

随着全球范围内各种形式的 FTA 数量快速增加，其经济与福利影响不仅受到政府部门、企业和消费者的广泛关注，也成为学术界研究的热点问题之一，相关的研究文献不断涌现。这些相关文献以实证居多，可计算的一般均衡（CGE/GTAP）模型是最常用的分析工具。虽然，可计算的一般均衡模型在分析区域性自由贸易协议的经济影响中得到较为广泛的应用，事实上，该模型在经济学其他领域也得到了广泛而成功的应用，但需要指出是，CGE/GTAP 模型也存在一些不足之处，具体来说，可能体现在如下几个方面：第一，CGE/GTAP 模型缺乏成熟的经济学理论支撑。现有的模型主要依赖投入—产出模型，投入—产出模型本质上属于统计模型。由于理论基础的不足，导致 CGE/GTAP 模型的模拟结果对现实的解释力大打折扣。第二，CGE/GTAP 模型需要求解众多的方程。由于可计算一般均衡模型需要考虑众多产品市场和要素市场等的同时均衡，因此需要求解数量众多的方程，运算过程缺乏透明性和灵活性，致使其实用性大打折扣。第三，CGE/GTAP 模型需要大量的数据支撑。基于各国投入—产出表的 CGE/GTAP 模型需要收集大量的数据，容易出现"数据加总"误差，降低模拟结果的准确性，而且 CGE/GTAP 数据库更新非常缓慢。

为了克服 CGE/GTAP 模型的不足，专家学者构建了一些灵活性和实用性更大的可计算局部均衡模型。例如，弗朗索瓦和霍尔（Francois and Hall，1997）构建了基于局部均衡的 COMPAS 模型，其全称是"商业贸易政策分析系统"（commercial policy analysis system）。同 GTAP 等可计算的一般均衡模型相比，局部均衡的 COMPAS 模型只需考虑某个特定国际市场的均衡，从而具有更大的灵活性和可操作性。近年来 COMPAS 模型已引起不少学者的关注，美国、加拿大以及部分发展中国家也将其应用于倾销、反倾销、出口补贴等贸易政策经济效应的评估。

同 CGE 模型相比，可计算局部均衡具有两个比较明显的优势：其一，由于只考察单个产品市场的出清，因此，所需求解的方程数量大大减少，模型的可操作性、灵活性和透明性较高；其二，可计算局部均衡模型只需收集行业层面的相关数据，从而有效避免数据加总中出现的"加总误差"，提高了模拟结果的准确性。

本章首先对可计算局部均衡的 COMPAS 模型的理论框架进行简要介绍，从行业层面揭示 FTA 影响成员之间价格、产出、贸易、生产者剩余和消费者剩余的内在机理。然后以葡萄酒行业为例，利用可计算局部均衡的 COMPAS 模型重点实证考察中国—澳大利亚自由贸易协定（China - Australia Free Trade Agreement，CHAFTA）对中澳两国葡萄酒生产、贸易、生产者剩余和消费者剩余等指标的影响大小。之所以选择 CHAFTA 作为案例，主要原因有二个：第一，CHAFTA 是中国第一次同主要发达经济体（澳大利亚）签署高质量的自由贸易协定；第二，中国和澳大利亚的经济具有高度的互补性。之所以选择葡萄酒作为分析的对象，主要有如下考量：第一，随着我国城乡居民收入水平的快速提高，中国已成为全球增长速度最快的葡萄酒消费市场，也是全球葡萄酒企业关注和竞争的重点市场；第二，葡萄酒是中国进口关税比较高的进口产品，而且葡萄酒是澳大利亚对华出口的重点产品，葡萄酒产业在中澳两国的经济活动中都具有重要的地位；第三，根据中澳 FTA 的协定，2015 年 12 月 20 日开始，中国对进口自澳大利亚的葡萄酒开始减免关税。

本章研究可能的边际贡献体现在：第一，研究视角的创新。已有文献大多从宏观视角来分析 FTA 的经济与福利影响大小，本章则聚焦于行业层面的分析。第二，研究方法的创新。已有文献大多利用可计算一般均衡来实证考察 FTA 的福利影响大小，本章尝试利用可计算局部均衡模型来进行实证考察。第三，研究内容的创新。本章不仅实证考察了 FTA 对特定产业生产、价格、贸易的影响大小，而且还测度了行业层面生产者剩余、消费者剩余以及政府关税收入的影响大小。

## 5.1 可计算局部均衡 COMPAS 模型的理论框架

### 5.1.1 COMPAS 模型的基本假设与分析框架

聚焦于行业层面分析的 COMPAS 模型属于局部均衡模型，主要用于测度关税、出口补贴等国际贸易政策的变化在行业层面的影响大小。其理论基础主要有两个方面：第一，不同国家或地区的产品因为产地不同而存在不完全的替代关系，即著名的 Armington 假设（Armington，1969）；第二，微观经济学中的需求与价格理论。具体来说，COMPAS 模型的主要假设条件如下：

（1）汇率、利率、经济增长等宏观经济环境均保持不变；

（2）完全竞争或者垄断竞争的市场结构；

（3）本国产品与进口产品为不完全替代关系；

（4）本国产品的供给仅受自身市场价格的影响；

（5）本国产品的需求是进口产品的价格与其自身的价格的函数；

（6）进口需求是该进口品在本国市场上的价格与本国同类产品价格的函数。

根据消费者需求函数形式的不同，COMPAS 模型可以分为线性模型和非线线性模型两种不同形式。本书将介绍线性对数需求函数的 COMPAS 模型。假设进口国消费者对本国生产或来自其他国家的 $n$ 种产品的需求函数都为线性对数函数（log-linear functional form），具体形式如下：

$$\ln Q_i = \ln a_i + \eta_{ii}\ln P_i + \sum_{j \neq i} \eta_{ij}\ln P_j \quad i,j = 1,\cdots,n \quad (5-1)$$

式（5-1）中，$Q_i$ 表示进口国市场对 $i$ 产品的需求量，$a_i$ 为 $i$ 产品的常数项，$P_i$ 表示 $i$ 产品在进口国市场上的价格。系数 $\eta_{ii}$ 表示进口国对 $i$ 产品的需求弹性，$\eta_{ij}$ 表示 $i$ 产品需求对 $j$ 产品价格的交叉弹性。

本国产品与进口产品的供给都由其本身的价格决定，即二者的供给函数分别为：

$$\ln Q_i = \varepsilon_i\ln P_i \quad (5-2)$$

式（5-2）中的 $\varepsilon_i$ 为 $i$ 产品供给的价格弹性。当供给等于需求时，市场达到均衡，因此，本国产品与进口产品在进口国市场上的均衡条件分别为：

$$\varepsilon_i\ln P_i = \ln a_i + \eta_{ii}\ln P_i + \sum_{j \neq i} \eta_{ij}\ln P_j \quad (5-3)$$

上面市场均衡的条件经过整理后也可以用两种来源不同的产品的价格来表示：

$$\ln P_i = \frac{\ln a_i}{\varepsilon_i - \eta_{ii}} + \sum_{j \neq i} \frac{\eta_{ij}}{\varepsilon_i - \eta_j}\ln P_j \quad i,j = 1,\cdots,n \quad (5-4)$$

由于在进口国市场共存在 $n$ 种来源不同的同类产品，因此只有当式（5-4）表示的 $n$ 个方程同时成立时，进口国市场出清，并进一步可以求出市场出清的均衡价格。以上是 COMPAS 模型的基本分析框架。

### 5.1.2 FTA 贸易与经济效应的理论分析

本章将利用上述 COMPAS 模型来揭示 FTA 在产业层面的经济与福利效应内在机理。假设只存在两个国家：本国和外国，分别用下标 $d$ 和 $m$ 表示。本国进口关税水平为 $t$，则进口产品的市场价格为：

$$P_m = P_m'(1 + t) \tag{5-5}$$

式（5-5）中，$P_m$ 表示进口产品的市场销售价格，$P'_m$ 表示进口产品的国际市场价格。将式（5-5）代入上面的式（5-4）就可以求出课征关税时市场的均衡价格。现在假设本国与外国签署自由贸易协议，即进口关税降低到零，即 $t = 0$。同样由式（5-4）可以求出签署 FTA 后均衡进口量等指标。然后通过比较签署 FTA 前后有关指标的值，从而得到签署 FTA 对有关国家特定产业的产出、价格、利润、生产者剩余和消费者剩余等指标的影响大小。

**1. 自由贸易协议对进口的影响**

$$\frac{P_m'}{P_m} = (1 + t)^{[\varepsilon_m(\eta_{dd} + \varepsilon_d)/D_t]} \tag{5-6}$$

$$\frac{Q_m'}{Q_m} = (1 + t)^{(\varepsilon_m)[\varepsilon_m(\eta_{dd} + \varepsilon_d)/D_t - 1]} \tag{5-7}$$

式（5-6）和式（5-7）中，$D_t = \eta_{dm}\eta_{md} - (\eta_{dd} + \varepsilon_d)(\eta_{mm} + \varepsilon_m)$，$P_m$ 和 $Q_m$ 分别代表两国签署 FTA 前的进口价格和进口量，$P'_m$ 和 $Q'_m$ 分别代表两国签署 FTA 后的进口价格和进口量。式（5-6）式（5-7）表明了 FTA 关税减免对进口价格和进口量的影响大小，即 FTA 的贸易效应。

**2. 自由贸易协议对进口竞争行业的影响**

两国签署 FTA 后，进口关税下降首先导致进口价格下降，从而促进进口量增加，而进口量的增加必然对本国进口竞争行业的产出、价格、利润、生产者剩余和消费者剩余等产生影响。根据市场出清的基本条件，可以求解出签署 FTA 对进口竞争行业的产出、价格和收益等影响大小：

$$\frac{P_d'}{P_d} = (1 + t)^{[\varepsilon_m\eta_{dm}/D_t]} \tag{5-8}$$

$$\frac{Q_d'}{Q_d} = (1 + t)^{[\varepsilon_d\varepsilon_m\eta_{dm}/D_t]} \tag{5-9}$$

式（5-8）和式（5-9）中，$P_d$ 和 $Q_d$ 分别代表在签署 FTA 前进口竞争行业产品内销的价格和产量，$P'_d$ 和 $Q'_d$ 分别代表签署 FTA 后进口竞争行业产品内销的价格和产量。

### 3. FTA 的税收和福利效应

FTA 不仅会影响本国有关行业的生产和销售，进而影响生产者剩余，而且还会对本国的消费者剩余以及关税收入等经济指标产生影响。按照国际贸易理论，FTA 将使进口国的消费者剩余增加，根据本书的模型，进口国消费者剩余增加额为：

$$CC = \frac{1}{2} P_m Q_M \left[ (1 + t)^{[\eta_m(\eta_{dd} + \varepsilon_d)/D_t]} - 1 \right] \times \left[ (1 + t)^{\varepsilon_m [\varepsilon_m(\eta_{dd} + \varepsilon_d)/D_t - 1]} - 1 \right]$$

$$(5 - 10)$$

由于 FTA 将导致进口关税水平以及进口量发生变化，进而导致进口关税收入的变化，进口国关税收入的变化为：

$$\Delta T = t P_m Q_m (1 + t)(1 + \varepsilon_m) \left[ \varepsilon_m (\eta_{mm} + \varepsilon_d)/D_t - 1 \right] \quad (5 - 11)$$

需要指出的是，如果引入生产函数，则可以进一步求出出口退税率变动对进口国相关产业就业、设备利用率等经济指标的影响，限于篇幅，本书不对这些问题进行详细分析。

# 5.2  中澳 FTA 谈判进程及其主要内容

## 5.2.1  中澳 FTA 的主要进程

2015 年 6 月 17 日，历经 10 年 21 轮谈判，中国和澳大利亚正式签署了《中华人民共和国政府和澳大利亚政府自由贸易协定》（中文简称《中澳自由贸易协定》，或中澳 FTA）。① 中澳 FTA 不仅是中国首次与主要发达经济体签署的自贸协定，也是中国截至 2015 年签订的最高水准的贸易投资自由化协定之一，引起了全球广泛的关注。根据双方协定，中澳 FTA 于 2015 年 12 月 20 日开始正式生效。

中澳经济具有高度的互补性。中国是一个有 14 亿人口的发展中大国，有着巨大的市场需求潜力。在工业化、信息化、城镇化、农业现代化的进程中，这种内需的潜力还会不断释放。中国经济的快速发展需要大量的能源和矿产资源作为支撑；同时，中国城乡居民收入的快速增加，对牛肉、奶粉、葡萄酒等高档消费品的需求也大幅增加。澳大利亚是一个资源十分丰富的国家，能源资源、矿产资源、农业资源都十分丰富。对于澳大利亚

①  http：//fta. mofcom. gov. cn/Australia/australia_ agreementText. shtml.

来说，中国是一个稳定的市场，而对于中国来说，澳大利亚可以提供比较可靠的资源供给。中国进口澳大利亚的主要商品包括：铁矿石、煤炭、天然气等能源矿产品，以及牛肉、葡萄酒、羊毛、棉花、大麦等农产品。中国对澳大利亚出口的商品主要包括：纺织服装、家具以及机电产品等。中国2011年取代美国成为澳最大的服务贸易出口市场，截至2020年，中国已经连续10年成为澳大利亚最大贸易伙伴、最大出口市场和最大进口来源国。

正是基于中澳经济的高度互补性，中澳两国政府都有强烈的开展合作的愿望。2005年4月18日，中国政府与澳大利亚政府在北京签署《中华人民共和国商务部与澳大利亚外交贸易部关于承认中国完全市场经济地位和启动中华人民共和国与澳大利亚自由贸易协定谈判的谅解备忘录》，标志着中澳自贸协定谈判开始。2005年11月，中澳两国政府在北京进行了为期三天的中国—澳大利亚自由贸易区谈判第三轮磋商，为后续进行实质性谈判创造了条件。2010年2月24~26日，中澳自贸区第十四轮谈判在澳大利亚首都堪培拉举行。双方就农产品市场准入、原产地规则、服务贸易、投资等议题进行了深入讨论，交换了意见，加深了理解。双方同意，将尽快商定下一轮谈判的有关安排。2013年6月4日~6日，中国—澳大利亚自贸区第十九轮谈判在北京举行。本轮谈判，双方进行了深度磋商和讨论，维持了谈判势头，为下一步取得实质性突破奠定了良好基础。

2014年11月17日，国家主席习近平在结束二十国集团（G20）领导人峰会行程之后对澳大利亚展开国事访问，双方共同宣布中澳自由贸易协定谈判实质性结束。[①] 这意味着，中国自加入世贸组织以来最大的自贸区谈判在经过9年的努力之后终于尘埃落定。2015年6月17日，中国商务部部长高虎城与澳大利亚贸易与投资部部长安德鲁·罗布在澳大利亚堪培拉分别代表两国政府正式签署《中华人民共和国政府和澳大利亚政府自由贸易协定》。双方共同确认《中华人民共和国政府和澳大利亚政府自由贸易协定》将于2015年12月20日正式生效并第一次降税，2016年1月1日第二次降税；2017年1月1日起，将实施第三轮产品降税。

2015年6月17日，中国国家主席习近平就中澳签署自贸协定发出贺信强调，签署自贸协定，将为两国实现优势互补、密切互利合作提供更高的平台和更完善的制度保障，也将为亚太地区发展高水平的经贸安排产生

---

① 2014年11月15日，习近平在二十国集团领导人第九次峰会（澳大利亚布里斯班）主题为《推动创新发展　实现联动增长》的讲话。

示范效应，有助于推动亚太经济一体化进程。①

### 5.2.2 中澳 FTA 的主要内容

中澳自贸协定在内容上涵盖货物、服务、投资等十几个领域，实现了"全面、高质量和利益平衡"的目标。在货物领域，双方各有占出口贸易额85.4%的产品将在协定生效时立即实现零关税。减税过渡期后，澳大利亚最终实现零关税的税目占比和贸易额占比将达到100%；中国实现零关税的税目占比和贸易额占比将分别达到96.8%和97%。这大大超过一般自贸协定中90%的降税水平。在服务领域，澳方承诺自协定生效时对中方以负面清单方式开放服务部门，成为世界上首个对我国以负面清单方式做出服务贸易承诺的国家。在投资领域，双方自协定生效时起将相互给予最惠国待遇；澳方同时将对中国企业赴澳投资降低审查门槛，并做出便利化安排。澳方最终实现零关税比例是税目100%、贸易额100%。除此之外，协定还在包括电子商务、政府采购、知识产权、竞争等"21世纪经贸议题"在内的十几个领域，就推进双方交流合作做了规定。中国对澳大利亚重点商品的减税进程如下：

（1）牛肉产品的减税进程。澳大利亚是我国牛肉的最大进口来源，占我国全部进口份额的56.8%。在中澳 FTA 中，我国对牛肉设置了较长的过渡期安排，降税过渡期为10年。在实现完全自由化后，牛肉的平均进口报关关税将由目前的15.5%降为零。

（2）乳制品的减税进程。澳大利亚在我国乳制品进口来源中排名第四位，占我国全部进口份额的4.4%。在中澳 FTA 中，乳制品分别设置了5年、10年和12年的过渡期。在实现完全自由化后，乳制品的平均进口报关关税将由目前的12.3%降为零。其中，奶粉现行10%的关税将在协定生效后12年降为零。

（3）葡萄酒的减税进程。澳大利亚在我国葡萄酒进口来源中排名第二位，占我国全部进口份额的15.2%。在中澳 FTA 中，葡萄酒设置5年的过渡期，在实现完全自由化后，平均进口报关税率将由目前的34.7%降为零。

（4）虾蟹产品的减税进程。2013年，我国从澳大利亚进口了220吨龙虾。在中澳 FTA 中，除协定生效之日起税率直接降为零的产品外，我国

---

① 2015年6月17日，中国国家主席习近平就中澳两国正式签署《中华人民共和国政府和澳大利亚政府自由贸易协定》贺信。

为虾蟹类产品设置了 5 年的过渡期，在实现完全自由化后，进口报关税率将降为零。

（5）鲍鱼的减税进程。2013 年我国从澳大利亚进口了 413 吨鲍鱼，在中澳 FTA 中，我国为鲍鱼类产品设置了 5 年的过渡期，在实现完全自由化后，进口报关税率为 10% 和 14% 的产品将降为零。

中澳 FTA 中中国进口澳大利亚重点产品的减税进程及幅度如表 5 – 1 所示。

表 5 – 1　　　　　中国对澳大利亚重点产品关税减免进程及幅度

| 产品 | 生效前关税 | 自贸区关税 | 生效时间 |
|---|---|---|---|
| 乳制品 | 27% | 零关税 | 4 ~ 11 年 |
| 婴儿配方奶粉 | 15% | 零关税 | 4 年 |
| 牛肉 | 12% ~ 25% | 零关税 | 9 年 |
| 羊肉 | 23% | 零关税 | 8 年 |
| 大麦 | 3% | 零关税 | 立即 |
| 高粱 | 2% | 零关税 | 立即 |
| 活牛 | 5% | 零关税 | 4 年 |
| 皮、皮革 | 不明 | 14% 关税 | 2 ~ 7 年 |
| 园艺产业 | 不明 | 零关税 | 4 年 |
| 海产品 | 不明 | 大部分零关税 | 4 年 |
| 酒水 | 14% ~ 30% | 零关税 | 4 年 |
| 矿产 | 不明 | 零关税 | |

资料来源：作者根据相关文献整理得出。

## 5.3　全球葡萄酒生产、贸易与消费的基本现状

在进行计量回归分析和数据模拟分析之前，我们首先对全球葡萄酒生产、贸易、消费等基本现状进行简要分析，以便为后续的实证研究提供一个现实基础。

### 5.3.1　全球葡萄酒生产与消费

受制于气候条件，世界葡萄种植区主要分布在温带北纬 20 ~ 50 度和南纬 30 ~ 45 度区间，这里有适度的阳光与降雨，气候均衡适合葡萄生长。欧洲一直是世界上最主要的葡萄种植区，近年来部分亚洲国家如中国、印度等葡萄种植面积也在逐步扩大。据 2016 年国际葡萄与葡萄酒组织（International Organization of Grape and Wine，OIV）公布的报告显示，全球葡萄种植面积达 753.4 万公顷，其中西班牙的葡萄种植面积居首位，为 102.1 万公顷；中国的葡萄种植面积增长明显，超过法国，跃居全球第二位，面积增至 82 万公顷；法国的葡萄种植面积为 78 万公顷。整体而言，欧洲葡萄种植面积继续呈缓慢递减趋势，2014～2015 年减少了 2.6 万公顷，而以中国为代表的亚非拉国家的种植面积在不断增加。

**1. 全球葡萄酒生产也主要集中在欧美国家**

根据国际葡萄与葡萄酒组织（OIV）的统计数据，2016 年全球葡萄酒产量为 267 亿升，比 2015 年下降 3.2%。图 5-1 是 2016 年葡萄酒产量前 10 位的国家。显然，意大利、法国和西班牙仍然保持葡萄酒传统生产大国地位，其中意大利的产量为 50.9 亿升，位居第一，法国和西班牙依次在第二、第三位。美国和澳大利亚分别排在第四、第五位。全球葡萄酒生产格局最大的变化当属中国产量的快速增加，2016 年中国葡萄酒产量大约为 11.4 亿升，成为全球第六大葡萄酒生产国。近年来，中国葡萄产业得到快速发展，葡萄生产面积逐年增加，2016 年总面积达 84.7 万公顷，仅次于西班牙的 97.5 万公顷，成为全球第二大葡萄生产国，葡萄酒产量也在稳步增加。另外，南非、智利和阿根廷等国也是葡萄酒的重要产地。2016 年上述 10 国葡萄酒产量总计 221 亿升，占全球产量的近 83%。这表明，全球范围内葡萄酒生产的集中度很高。

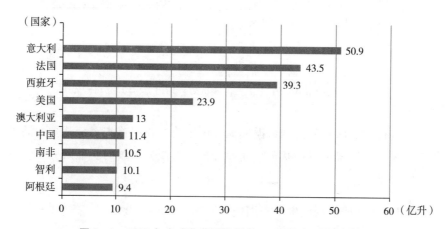

**图 5-1　2016 年全球葡萄酒产量前 10 位的国家及其产量**
资料来源：国际葡萄与葡萄酒组织（OIV）的统计。①

---

① https：//www.oiv.int/.

近年来，全球范围内的葡萄酒消费量比较平稳，葡萄酒生产大国往往也是葡萄酒最主要的消费国。OIV 的统计数据表明，2016 年全球葡萄酒消费量达到 242 亿升，比 2015 年的消费量（241 亿升）稍有增加。美国一直维持全球葡萄酒最大消费国地位，2016 消费量为 31.8 亿升。法国、意大利和德国的葡萄酒消费量分别排在第二、第三位，葡萄酒消费量分别为 27 亿升、22.5 亿升。排在第四至第十位的国家分别是德国、中国、英国、西班牙、阿根廷、俄罗斯和澳大利亚。2016 年中国葡萄酒消费量超过 17 亿升，比 2015 年增长 6.9%，增幅位居全球之首，成为全球第五大葡萄酒消费国。2016 年，上述 10 个国家的葡萄酒消费总量为 165.7 亿升，占当年全球葡萄酒消费总量的 69% 左右。

**2. 中国葡萄酒生产与消费**

白酒在中国居民的酒类消费中一直占据主导地位，葡萄酒真正进入中国平民百姓的消费只是最近一二十年的事情。尤其是近年来，随着人均收入水平的快速提高，以及居民生活观念和消费习惯的改变，中国葡萄酒消费市场增长迅速，从图 5 - 2 可以看出，中国葡萄酒的产量、进口量与消费量均呈不断上升趋势，在 2012 年达到一个峰值，之后由于限制"三公消费"政策的影响，中国葡萄酒生产与消费有所回落，但近年来又恢复了快速增长趋势。① 2005 年中国葡萄酒产量只有 4.3 亿升，进口量也只有 0.53 亿升，2016 年产量达到 11.4 亿升，进口量高达 6.38 亿升。但中国目前葡萄酒的人均消费水平并不高，2016 年人均年消费大约 1.3 升，不仅低于欧美等发达国家的消费水平，而且也远低于世界平均水平（3.47 升/人）。从图 5 - 2 还可以看出，2012 年以后，中国葡萄酒产量逐年下降，但葡萄酒消费量逐年大幅增加。

由于受气候、土壤等条件的限制，中国葡萄和葡萄酒的生产地也比较集中。图 5 - 3 是 2015 年中国葡萄酒产量的区域分布情况。显然，山东省是中国最大的葡萄酒生产地，2015 年的产量占比达 35.2%；其次是吉林，2015 年产量占比为 15.9%；河南排在第三位，2015 年产量占比为 13%。2015 年上述三省的葡萄酒产量占中国葡萄酒总产量近 64%。另外，新疆、陕西、河北等省区也是中国葡萄酒的重要产地。总体来看，中国葡萄酒生产地主要集中在长江以北的省区。

---

① 由于中国葡萄酒的出口非常少，2016 年出口量只有 0.1 亿升左右，因此，消费量几乎等于产量和进口量之和。

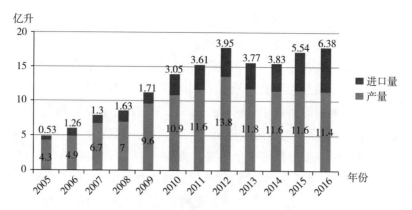

**图 5 - 2   中国葡萄酒产量与进口量变化趋势**

资料来源：中国葡萄酒产量数据来源于中国产业信息网，中国葡萄酒进口量数据来源于中国海关的统计。

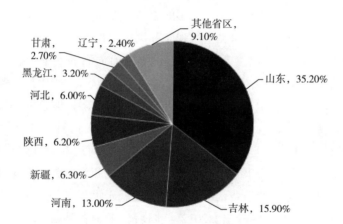

**图 5 - 3   2015 年中国葡萄酒产区分布**

资料来源：中国产业信息网。

### 3. 全球葡萄酒贸易

根据 OIV 的统计数据，2000～2016 年期间，葡萄酒消费量出现转变，葡萄酒在生产国以外被越来越多地消费。2016 年全球葡萄酒进出口总量达到 104.1 亿升，占当年全球葡萄酒总产量 267 亿升的 39%，可见，从全球范围来看，葡萄酒的对外贸易依赖度比较高。其中西班牙、意大利和法国是全球葡萄酒出口量最大的三个国家。根据联合国商品贸易数据库（UN comtrade）的统计，2016 年全球葡萄酒总出口额达到 318 亿美元，其中出口额前 10 位的国家如表 5 - 2 所示。①

表 5 - 2　　　　　　　　　2016 年全球葡萄酒出口额前十位的国家　　　　　　单位：亿美元

| 国家 | 法国 | 意大利 | 西班牙 | 智利 | 澳大利亚 | 美国 | 新西兰 | 德国 | 阿根廷 | 葡萄牙 |
|------|------|--------|--------|------|----------|------|--------|------|--------|--------|
| 排名 | 1 | 2 | 3 | 4 | 5 | 6 | 7 | 8 | 9 | 10 |
| 出口额 | 91.32 | 62.22 | 29.66 | 18.53 | 17.08 | 15.69 | 11.25 | 10.45 | 8.17 | 8.05 |
| 占比 | 28.7% | 19.6% | 9.3% | 5.8% | 5.4% | 4.9% | 3.5% | 3.3% | 2.6% | 2.5% |

资料来源：作者根据 UN Comtrade 的数据整理得出。②

从表 5 - 2 可以看出，法国是全球葡萄酒出口额最大的国家，2016 年其出口额高达 91.3 亿美元，占全球葡萄酒出口额的近 29%，高出排在第二位的意大利近 10 个百分点。如果根据出口量指标，意大利的葡萄酒出口量排在第一位，法国则排在第三位。这表明，法国葡萄酒出口量虽然不是最大的，但是由于其葡萄酒的品质较高，因此出口价格很高，从而成为全球葡萄酒出口额最高的国家。葡萄酒出口额排在第二、第三位的国家分别是意大利和西班牙。南美国家智利也是一个重要的葡萄酒出口国，2016 年出口额为 18.5 亿美元，占全球出口额的 5.4%，排在第四位。澳大利亚2016 年葡萄酒出口额大约为 18 亿美元，排在第五位。主要葡萄酒出口国还包括美国、新西兰、德国、阿根廷和葡萄牙等。上述 10 个国家的葡萄酒出口额总计为 272.4 亿美元，占当年全球葡萄酒出口总额（318 亿美元）的 85.7%，其中法国、意大利、西班牙三国的出口额占全球出口额的 58.6%，可见全球葡萄酒出口贸易高度集中。

根据联合国商品贸易数据库的统计，2016 年全球葡萄酒进口额大约为 301 亿美元。表 5 - 3 是 2016 年葡萄酒进口额前 10 位的国家。③ 其中美国是全球最大的葡萄酒进口国，进口额达到 58 亿美元，排名第一。英国和德国依次排在第二、第三位，进口额分别为 48.4 亿美元和 27.3 亿美元。中国葡萄酒进口额高达 23.7 亿美元，排在第四位。另外，加拿大、日本等发达国家也是主要的葡萄酒进口国。显然，当前葡萄酒进口主要集

① 本书的葡萄酒（grape wine）的海关协调制度代码（HS）为 2204（具体来说，葡萄酒产品在 HS 分类下还可以细分为葡萄汽酒 220421，瓶装葡萄酒 220421，散装葡萄酒 220429，酿酒葡萄汁 220430）。

② https://comtrade.un.org/.

③ 如果根据进口量指标，则德国、英国、美国分别排在前三位；另外，根据进口额，中国香港地区排在第六位，但考虑到中国香港地区的葡萄酒进口大部分属于转口贸易，因此没有将其列出。

中在发达国家，在葡萄酒进口额前 10 位的国家中，只有中国属于发展中国家。表5-3 中所列 10 个国家 2016 年葡萄酒进口总额为 219 亿美元，占全球葡萄酒进口额的 73% 左右，显然，葡萄酒进口贸易集中度较高。

**表5-3**            **2016 年全球葡萄酒进口额前十位的国家**         单位：亿美元

| 国家 | 美国 | 英国 | 德国 | 中国 | 加拿大 | 日本 | 瑞典 | 比利时 | 法国 | 俄罗斯 |
|---|---|---|---|---|---|---|---|---|---|---|
| 排名 | 1 | 2 | 3 | 4 | 5 | 6 | 7 | 8 | 9 | 10 |
| 进口额 | 58.02 | 40.84 | 27.33 | 23.66 | 17.75 | 15.00 | 10.76 | 9.99 | 8.23 | 7.28 |
| 占比 | 19.3% | 13.6% | 9.1% | 7.9% | 5.9% | 5.0% | 3.6% | 3.3% | 2.7% | 2.4% |

数据来源：作者根据 UN Comtrade 数据整理得出。

### 4. 中国葡萄酒进口

近年来中国葡萄酒行业虽然得到了长足发展，但其有限的产量仍然不能满足其国内消费者快速增长的需求。2016 年中国葡萄酒市场消费量为 17.7 亿升，而当年中国葡萄酒产量只有 11.3 亿升（出口数量为 0.10 亿升），显然，市场供需缺口高达 6.5 亿升，这部分缺口只能依赖从国际市场进口，进口依赖度超过 30%，中国已成为葡萄酒重要的出口市场。

图5-4 表明，近年来中国葡萄酒进口额不断创造新高，2005 年进口额还不到 1 亿美元，2016 年进口额高达 23.7 亿美元（约合人民币 162.4068 亿元），短短 10 年间增长了近 30 倍，年均增长率超过 40%。其中，瓶装葡萄酒为主要进口类型，占总进口量的 92.8%。2016 年，中国进口 4.81 亿升瓶装葡萄酒，价值为 21.94 亿美元（约合人民币 150.7278 万元）。

表5-4 是 2016 年中国葡萄酒进口前十大来源地。从表5-4 可以发现，2016 年法国是中国葡萄酒进口的最大来源地，中国从法国进口葡萄酒的价值高达近 10 亿美元，几乎占当年中国葡萄酒进口总额的半壁江山（占进口总额的 42.1%）。澳大利亚是中国葡萄酒进口的第二大来源地，2016 年进口额达到 5.72 亿美元，占当年中国葡萄酒进口额的 24% 左右。智利与西班牙分别是中国葡萄酒进口的第三大和第四大来源地。2016 年中国从表5-4 中列出的 10 国共进口近 23 亿美元的葡萄酒，占当年中国葡萄酒进口总额近 97%。

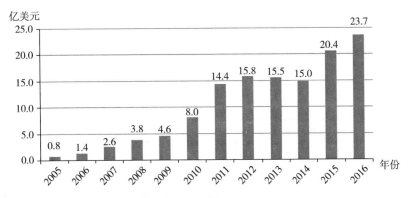

图 5 - 4　　2005 ~ 2016 年中国葡萄酒进口额变化趋势

资料来源：作者根据 UN Comtrade 数据整理得出。

表 5 - 4　　　　　　　　2016 年中国葡萄酒进口十大来源国　　　　　　单位：亿美元

| 国家 | 法国 | 澳大利亚 | 智利 | 西班牙 | 意大利 | 美国 | 南非 | 阿根廷 | 新西兰 | 葡萄牙 |
|------|------|--------|------|-------|-------|------|------|-------|-------|-------|
| 排名 | 1 | 2 | 3 | 4 | 5 | 6 | 7 | 8 | 9 | 10 |
| 进口额 | 9.98 | 5.72 | 2.68 | 1.59 | 1.33 | 0.60 | 0.38 | 0.23 | 0.21 | 0.20 |
| 占　比 | 42.1% | 24.1% | 11.3% | 6.7% | 5.6% | 2.5% | 1.6% | 1.0% | 0.9% | 0.8% |

资料来源：作者根据 UN Comtrade 数据整理得出。

### 5.3.2　中国葡萄酒现行税收政策

法国、意大利等主要葡萄酒生产国均将葡萄酒列入农产品范畴，但中国将葡萄酒归属于工业产品。根据财政部和国家税务总局发布的《农业产品征税范围注释》，农业产品是指种植业、养殖业、林业、牧业、水产业生产的各种动植物的初级产品。酿造葡萄酒的主要原料葡萄属于农产品，但从葡萄到葡萄酒存在加工环节，因此，中国将葡萄酒归属于工业品范畴。中国工业产品和农产品在增值税、消费税等税收制度存在较大差异。根据《财政部、国家税务总局关于调整农业产品增值税税率和若干项目征免增值税的通知》的规定，中国增值税税率分 17%、13%、11% 和 6% 四档，对于一般纳税人从事应税行为，增值税一律适用 17% 的基本税率，但农业产品增值税税率为 13%。[①] 中国不仅将葡萄酒归属于工业品，而且归属于工业品中的奢侈品，征收比较高的消费税。根据 2009 年 1 月 1 日起

---

① 2017 年 7 月 1 日起，简并增值税税率有关政策正式实施，现行增值税税率有 17%、13%、11% 和 6% 四档，取消增值税 13% 的税率，原适用 13% 的产品一并适用 11% 的税率。

施行《中华人民共和国消费税暂行条例》，葡萄酒属于其他酒类，征收10%的消费税。[①] 另外，中国还对葡萄酒企业征收25%的所得税、7%的附加税等十余种税费。

表5-5　　　　　　　中国葡萄酒行业的流转税及相关税费目录

| 税费种类 | 税费率 | 计税依据或收费依据 |
| --- | --- | --- |
| 增值税 | 17% | 按应税收入的17%计算,扣除当期允许抵扣的进项税额* |
| 消费税 | 10% | 按应纳税销售额的10%计算关税完税价格 |
| 企业所得税 | 25%、20%、15% | 一般企业的基本税率为25%,年所得低于3万元的小微企业适用20%的优惠税率,高新技术企业适用15%的低税率 |
| 城市建设维护税 | 7%、5%、3% | 根据企业规模分三个等级征收,计费依据为消费税、增值税、营业税之和 |
| 教育附加费 | 3% | 计费依据为消费税、增值税、营业税之和 |
| 地方教育附加费 | 2% | 计费依据为消费税、增值税、营业税之和 |

注：根据《财政部税务总局关于调整增值税率的通知》，自2018年5月1日起，制造行业的增值税由17%降低到16%。但是，本书在模拟分析时还是将葡萄酒现行增值税税率取17%。

资料来源：作者根据相关文献整理得出。

从表5-5可以看出，中国葡萄酒行业的税费种类繁多，税收负担较重。不考虑企业所得税，仅仅增值税、消费税、城市建设维护税以及教育附加费等税费就接近42%，如果考虑企业所得税，中国葡萄酒企业的税费负担至少会超过营业收入的50%。[②] 而2015年12月之前进口葡萄酒的综合税负大概在48%左右，[③] 智利、新西兰、澳大利亚等主要葡萄酒出口国的综合税负要远低于这个数值。[④] 显然，中国国产葡萄酒综合税负要大于

① 消费税属于流转税的范畴，是以消费品的流转额作为征税对象的各种税收的统称。

② 核定一升国产葡萄酒的出厂价格为100元，增值税 = 100 ÷（1 + 11%）× 17% = 15.3（元），消费税 =（100 + 15.3）× 10% = 11.53（元），国产葡萄酒综合税负为：15.3 + 11.53 = 26.83（元）。

③ 根据2016年中国海关查税查询系统，2016年中国对葡萄汽酒（SITC代码220410）以及小于2升容器的进口瓶装葡萄酒（SITC代码220421）征收14%的关税，大于2升容器的进口葡萄酒（SITC代码220429）则征收20%的关税。不仅如此，中国政府还将葡萄酒归类为工业产品中的奢侈品，除了关税，还要征收17%的增值税和10%的消费税，因此，进口葡萄酒的综合税负为48.2%。海关核定一升葡萄酒的关税完税价格为100元，关税 = 100 × 14% = 14（元），组成计税价格 =（100 + 14）÷（1 - 10%）= 126.67（元），进口环节应纳增值税 = 126.67 × 17% = 21.53（元），进口环节应纳消费税 = 126.67 × 10% = 12.67（元），进口环节税负 = 14 + 21.53 + 12.67 = 48.2（元）。

④ 新西兰和智利的葡萄酒已先后从2012年和2015年开始以零关税进入中国市场，澳大利亚葡萄酒进入中国的关税从2017年开始由原来的14%降低到5.6%，2019年后降到零。

进口葡萄酒的税负。

## 5.4 中澳 FTA 对两国葡萄酒
## 贸易的影响大小：回归分析

在利用可计算局部均衡模型对中澳 FTA 行业层面的经济与福利影响分析之前，我们先利用一个多元回归模型来实证考察中澳 FTA 对两国葡萄酒贸易的影响大小，以便实现回归分析和数据模拟分析的有机结合。

从图 5 – 5 可以看出，自 2015 年中澳自由贸易协定签署生效后，中国从澳大利亚的葡萄酒进口呈现快速增长趋势。显然，图 5 – 5 表明，中澳 FTA 对澳大利亚葡萄酒对华出口产生了明显的贸易创造效应（trade creation effect）。2011 年中国葡萄酒进口额为 14.4 亿美元，其中从澳大利亚的葡萄酒进口额为 2.15 亿美元，占比为 15%；到 2019 年，中国葡萄酒进口额增加到 24.4 亿美元，其中从澳大利亚进口额为 8.7 亿美元，占比为 35.7%。但是，受到中国对澳大利亚葡萄酒反倾销反补贴调查的不利影响，自 2020 年开始，澳大利亚葡萄酒对华出口有所下降。

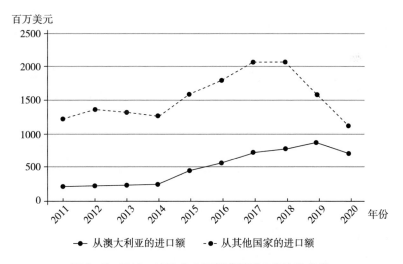

**图 5 – 5 2011 ~ 2020 年中国葡萄酒进口额变化趋势**
资料来源：联合国商品贸易数据库（UN Comtrade Data）。

中澳 FTA 对澳大利亚葡萄酒对华出口的实证分析如下：

## 1. 变量的选择和回归模型的设定

为了实证考察中澳 FTA 对澳大利亚葡萄酒对华出口量和出口价格的影响大小，本书选择澳大利亚葡萄酒对华出口量和出口价格作为被解释变量，澳大利亚葡萄酒对华出口的综合税负作为核心解释变量。另外，澳大利亚葡萄酒对华出口还会受到汇率、居民收入水平等因素的影响，为此，本书还将选择人民币兑美元汇率、中国消费者信心指数作为两个主要控制变量。考虑到中澳 FTA 签署的时间是 2015 年 6 月，但是实际生效的时间是 2016 年 12 月，因此本书实证分析的时间段为 2015 年 1 月~2018 年 12 月，所有变量的数据均为月度数据。

本书所采用的被解释变量（因变量）、解释变量和控制变量的变量名称、含义、数据来源和预期影响如表 5-6 所示。

表 5-6　　　　主要的变量名称、含义、数据来源及预期影响

| | 变量名称 | 变量表示 | 数据来源 | 预期影响 | 备注 |
|---|---|---|---|---|---|
| 因变量 | 1. 澳大利亚葡萄酒对华出量<br>2. 澳大利亚葡萄酒对华出口价格 | 1. AWEXV<br>2. AWEXP | 联合国商品贸易数据库（UN COMTRADE DATA） | | 1. 月度数据<br>2. 经过季节调整<br>3. 在模型中取对数 |
| 解释变量 | 澳大利亚葡萄酒对华出口税负 | TARIFF | 中国海关 | 对出口量影响为负，对出口价格影响为正 | 1. 月度数据<br>2. 经过滤波处理<br>3. 综合税负 |
| 控制变量 | 人民币兑美元实际有效汇率 | REER | 国际清算银行（BIS） | 对出口量和出口价格均为负 | 1. 月度数据<br>2. 在模型中取对数<br>3. 直接定价法 |
| | 中国消费者信心指数 | CCI | wind 资讯数据库 | 对出口量和出口价格均为正 | 1. 月度数据<br>2. 回归时取对数 |

## 2. 数据收集与处理

如表 5-6 所示，澳大利亚葡萄酒对华出口量和出口价格的数据来源于联合国商品贸易数据库（UN COMTRAE DATA BASE）；澳大利亚葡萄酒对华出口税负中的关税、增值税和消费税等数据来源于中国海关，笔者根据这些数据计算出综合税负；人民币与相关国家货币的实际有效汇率数据则来源于国际清算银行，美国等相关国家的消费者信心指数来源于万得

（Wind）数据库。主要变量的统计性描述见表 5 - 7。

表 5 - 7　　　　　　　　　　主要变量的描述性统计

| 变量 | Obs | Mean | Std. Dev | Min | Max |
|------|-----|------|----------|-----|-----|
| AWEXV | 48 | 1. 4050 | 0. 124 | 0. 8310 | 2. 4910 |
| AWEXP | 48 | 3. 2890 | 0. 144 | 3. 2210 | 3. 4800 |
| TARIFF | 48 | 0. 4515 | 0. 031 | 0. 4207 | 0. 4820 |
| REER | 48 | 140. 3600 | 328. 100 | 68. 1900 | 3363. 7000 |
| CCI | 48 | 53. 8600 | 38. 520 | - 32. 9000 | 120. 6400 |

### 3. 回归结果与解读

为了考察中澳 FTA 框架下的关税减免对澳大利亚葡萄酒对华出口量和出口价格的影响大小，本书采用如下的多元回归模型分别进行实证分：

$$\ln AWEXV_t / AWEXP_t = \beta_0 + \beta_1 TARIFF_t + \beta_2 \ln REER_t + \beta_3 \ln CCI_t + \varepsilon_t$$

实证结果如表 5 - 8 所示。其中在左边的回归分析中，被解释变量是澳大利亚葡萄酒对华出口量的对数，而在右边的回归分析中，被解释变量为澳大利亚葡萄酒对华出口价格。

表 5 - 8　　　　　关税减免对澳大利亚葡萄酒对华出口的影响大小

| | （1） | （2） | （3） | （4） |
|------|------|------|------|------|
| | lnAWEXV | lnAWEXV | lnAWEXP | lnAWEXP |
| TARIFF | - 5. 7907 *** | - 4. 4538 *** | 2. 3791 *** | 1. 8063 *** |
| | （0. 0732） | （0. 0540） | （0. 0000） | （0. 0049） |
| lnREER | | - 1. 3696 ** | | 0. 8316 ** |
| | | （0. 0173） | | （0. 0585） |
| lnCCI | | 0. 4836 *** | | 0. 2996 *** |
| | | （0. 0000） | | （0. 0000） |
| Constant | 3. 0353 ** | 1. 3642 *** | 2. 5793 ** | 1. 0831 * |
| | （0. 3274） | （0. 0038） | （0. 0422） | （0. 8074） |
| Observations | 48 | 48 | 48 | 48 |

注：***、**、* 分别表示在 1%、5%、10% 的显著水平下显著；各变量估计系数下方括号内是 p 值。

总体上看，从表 5 - 8 的回归结果可以发现，解释变量和控制变量的回归系数的符号都与预期符号一致，而且均通过了1%的统计性显著检验。这表明，所选解释变量和控制变量均会对被解释变量产出显著影响。从表5-8中的回归结果我们可以得到：第一，澳大利亚葡萄酒对华出口量与中国对澳大利亚葡萄酒进口关税呈反方向变动关系，或者说，中国关税水平越低，澳大利亚葡萄酒对华出口量越高，反之亦然。而且根据回归结果（2），中国对澳大利亚葡萄酒进口关税每下降一个百分点，澳大利亚葡萄酒对华出口量将增加4.45%。这表明，中澳FTA将大幅促进澳大利亚葡萄酒对华出口量的增加。第二，根据表5-8右边的回归分析，澳大利亚葡萄酒对华出口价格与中国进口关税水平呈负相关关系，或者说，中国进口关税越低，澳大利亚葡萄酒对华出口价格越低。而且回归结果表明，中国对澳大利亚葡萄酒进口关税每下降一个百分点，澳大利亚葡萄酒对华出口价格将下降1.81%~2.38%。另外，回归分析结果还表明，人民币兑美元汇率以及消费者信心指数也是影响澳大利亚葡萄酒对华出口量和出口价格的重要因素。

## 5.5 中澳FTA在行业层面的经济与福利影响：数据模拟分析

尽管COMPAS模型可以分析不同贸易政策变化的经济效应，但分析的基本思路是相同的：假设宏观经济环境、消费者偏好等因素不变的前提下，第一步，计算所考察的行业在基期的产出、市场份额、价格弹性、替代弹性等指标的大小；第二步，在其他条件不变而某项贸易政策（如进口关税水平）发生变化后，通过模型模拟得出该行业的产出、就业、收益等指标的大小；第三步，将考察期内这些指标的实际值与模型模拟得出的数值进行比较，从而得出贸易政策变化对所考察行业的影响大小。

### 5.5.1 数据收集以及参数的估计

为了从产业层面上考察中澳FTA对两国葡萄酒生产、就业、收入以及贸易流量的影响大小。由于中澳FTA在2015年12月才正式生效，因此，本书将以2015年为考察基期，然后利用COMPAS模型模拟CHAFTA

建立后中国葡萄酒市场上上述各个经济指标可能的变化。① 为此需要收集的数据有两大类：一是在基期内中国葡萄酒生产、销售、进口额数据；二是中国葡萄酒的价格供给弹性、价格需求弹性以及中澳两国葡萄酒价格交叉替代弹性的大小。

作者从中国葡萄酒协会和世界葡萄酒协会等机构收集了中国产量、就业人员、产能利用率等数据以及澳大利亚葡萄酒的产量、销量等数据；从联合国商品贸易数据库收集了中澳两国葡萄酒贸易数据；除了葡萄酒生产、贸易等基本数据外，根据前面理论部分的介绍，可以发现弹性参数在COMPAS 模型中发挥关键性作用。COMPAS 模型所需输入的弹性参数包括：本国产品与进口产品的替代弹性、本国产品的供给弹性、国内市场的总需求弹性。为了计算这几个弹性参数，我们基于 2015～2018 年期间中澳两国葡萄酒产量、销售价格、进出口量与进出口价格的月度数据，借鉴佟仓松（2006）提出的估计 Armington 替代弹性的方法，估计得到中澳两国葡萄酒供需弹性以及中澳两国葡萄酒替代弹性等弹性参数的大小。② 有关指标和参数的具体取值情况见表 5 – 9。

表 5 – 9　　COMPAS 模型需要输入的中国葡萄酒市场基本参数及其取值*

| 参数名称 | 参数取值 | 数据来源 |
|---|---|---|
| 2015 年中国本国葡萄酒销售量 | 24.2 千万升 | 中国葡萄酒协会的统计 |
| 2015 年澳大利亚葡萄酒对华出口量 | 5.7 千万升 | 中国葡萄酒协会的统计 |
| 中国本国葡萄酒市场占有率 | 78.6% | 作者根据世界葡萄酒协会的数据整理得出 |
| 澳大利亚进口葡萄酒市场占有率 | 21.4% | 作者根据世界葡萄酒协会的数据整理得出 |
| 中国葡萄酒产能利用率 | 35% | 中国葡萄酒协会的统计 |
| 中国葡萄酒行业就业人数 | 8733 人 | 中国葡萄酒协会的统计 |
| 澳大利亚葡萄酒出口中国的综合税负 | FTA 之前 48.2%，FTA 之后 26.83% | 作者根据中国海关的数据计算得出 |

---

① 理论上，COMPAS 模型可以分别模拟出 CHAFTA 对中澳两国葡萄酒价格、产量和进出口量、生产者剩余、消费者剩余等指标的影响大小，但是，考虑到中国葡萄酒对澳大利亚出口额非常有限，所以，本书只重点考察 CHAFTA 建成后对中国葡萄酒市场的影响。

② 由于 COMPAS 模型的基础是 Armington 假设，模型中涉及的弹性参数也是指 Armington 替代弹性。关于 Armington 替代弹性的定义与估算可以参考阿明顿（Armington，1969）和加拉韦等（Gallaway et. al.，2003）。

| 参数名称 | 参数取值 | 数据来源 |
|---|---|---|
| 中国葡萄酒的价格需求弹性 | -0.73 | 作者估算得出 |
| 中国葡萄酒的价格供给弹性 | 1.7 | 作者估算得出 |
| 澳大利亚葡萄酒供给弹性 | 1.5 | 作者估算得出 |
| 中澳两国葡萄酒替代弹性 | 5.5 | 作者估算得出 |

注：* 由于 COMPAS 模型聚焦于双边视角的分析，因此，我们在此只计算中国国产葡萄酒和澳大利亚葡萄酒的市场份额，而暂时不考虑其他来源的葡萄酒市场份额。

资料来源：作者收集整理或者估算得出。

如表 5-9 所示，2015 年中国国产葡萄酒的销量为 24.2 千万升，从澳大利亚进口的葡萄酒为 5.7 千万升，国产葡萄酒的市场占有率为 80.9%，澳大利亚葡萄酒的市场占有率为 19.1%。另外，根据中国葡萄酒协会的统计，2015 年中国葡萄酒的产能利用率为 35%；葡萄酒（不包括间接从业人员）直接从业人员为 8733 人。另外，根据中国葡萄酒的价格需求弹性为 -0.73；中国葡萄酒的价格供给弹性为 1.7；澳大利亚葡萄酒价格供给弹性为 1.5；中澳两国葡萄酒替代弹性为 5.5。从表 5-9 可以看出，中澳 FTA 建成后，澳大利亚葡萄酒对华出口的综合税负将由 2015 年之前的 48.2% 下降到 26.83%，下降幅度为 21.77%。

### 5.5.2 中澳 FTA 对两国葡萄酒生产、贸易、生产者与消费者福利的影响

#### 1. 中澳 FTA 对两国葡萄酒生产与贸易的影响大小

本书以 2015 年为基期，将表 5-9 中有关指标和参数值代入 COMPAS 模型的电子表格，利用 EXCELL SOLVER 计算软件，就可以模拟得到 CHAFTA 建立后（即澳大利亚葡萄酒对华出口综合税负下降 21.77%）对中国国产葡萄酒价格、生产、市场份额、产能利用率等指标的影响大小，以及 CHAFTA 建立后对澳大利亚葡萄酒对中国出口价格、出口量、市场份额等指标影响大小，具体模拟结果如表 5-10 所示：

表 5-10　CHAFTA 对中国葡萄酒生产及澳大利亚葡萄酒对华出口的影响大小

| CHAFTA 对中国葡萄酒价格、生产、就业、消费等影响 | | CHAFTA 对澳大利亚葡萄酒对华出口的影响 | |
|---|---|---|---|
| 国产葡萄酒的价格变化 | -2.3% | 对华出口价格变化 | -5.6% |
| 国产葡萄酒产量变化 | -3.9% | 对华出口量的变化 | 16.4% |

| CHAFTA 对中国葡萄酒价格、生产、就业、消费等影响 | | CHAFTA 对澳大利亚葡萄酒对华出口的影响 | |
|---|---|---|---|
| 国产葡萄酒销售收入变化 | −6.1% | 对华出口收入变化 | 9.8% |
| 国产葡萄酒市场份额变化 | −10% | 在华市场份额变化 | 10% |
| 葡萄酒行业就业人数变化 | −4% | | |
| 葡萄酒行业产能利用率变化 | −4% | | |

资料来源：COMPAS 模型模拟得到（其中负值表示有关变量的减少，正值表示有关变量的增加）。

表 5 −10 左边是由 COMPAS 模型模拟得到 CHAFTA 建立后对国产葡萄酒市场销售价格、国产葡萄酒产量、国产葡萄酒销售收入、国产葡萄酒市场份额、中国葡萄酒行业就业人数、中国葡萄酒行业产能利用率等的影响大小。

从表 5 −10 左边的模拟结果可以看出，第一，CHAFTA 建立后将导致中国国产葡萄酒的销售价格在 2015 年的基础上下降大约 2.3%。主要原因在于：CHAFTA 建立后，澳大利亚葡萄酒因为关税减免导致对中国出口成本大幅下降，澳大利亚葡萄酒在中国市场的销售价格必然也会有所降低，从而迫使中国国产葡萄酒市场销售价格的下降。第二，根据模拟结果，中国国产葡萄酒产量将在 2015 年的基础上每年减少 3.9%。主要原因在于：由于 CHAFTA 建立后，因为关税减免，澳大利亚葡萄酒对华出口价格下降，从而导致澳大利亚葡萄酒对华出口量有所增加。第三，表 5 −10 左边第 4 行的模拟结果还表明，中国葡萄酒企业的销售收入每年减少 6.1%。主要原因在于：由于 CHAFTA 建立导致中国国产葡萄酒的价量齐跌，从而导致中国葡萄酒企业的销售收入减少。另外，从表 5 −10 左边的模拟结果还可以看出，CHAFTA 建立导致国产葡萄酒的市场份额减少 10%，葡萄酒行业的就业人数减少 4%，中国葡萄酒行业的产能利用率降低 4%。

总之，表 5 −10 左边的模拟结果表明，CHAFTA 建立后，中国国产葡萄酒无论在价格、产量、销售收入、市场份额、就业人数以及产能利用率等方面，均会出现一定幅度的下降。或者说，CHAFTA 建立后，由于澳大利亚葡萄酒在品质、价格等方面的优势，中国葡萄酒企业面临更加严峻和激烈的竞争。

表 5 −10 右边的模拟结果是 CHAFTA 建立后对澳大利亚葡萄酒对华出口的影响大小。模拟结果表明：第一，澳大利亚葡萄酒对华出口价格将降低

5.6%。主要原因是因为 CHAFTA 建立后，中国对澳大利亚葡萄酒的关税减免导致其对华出口成本的下降。然而，这个模拟结果也表明，澳大利亚葡萄酒对华出口价格虽然有所降低，但是降低的幅度远远低于其对华出口的成本下降幅度（21.77%）。或者说，澳大利亚葡萄酒出口企业只将一小部分的 FTA 红利转让给中国消费者，而将大部分的 FTA 红利据为己有。第二，表 5-10 右边的模拟结果表明，CHAFTA 建成后，在其他条件不变的前提下，澳大利亚葡萄酒对华出口量将在 2015 年的基础上增加 16.4%。第三，表 5-10 右边的模拟结果还表明，CHAFTA 建成后，澳大利亚葡萄酒企业对华出口的销售收入每年将增加 9.8%。主要原因在于，虽然澳大利亚葡萄酒对华出口价格有所下降（5.6%），但是由于出口量增加的幅度（16.4%）远远大于价格下降的幅度，所以出口收入将大幅增加。最后，表 5-10 右边的模拟结果表明，澳大利亚葡萄酒在中国市场的份额将大幅增加 10%。

总之，从表 5-10 右边模拟结果我们可以得出：CHAFTA 建成后，口感和品质等方面占据较大比较优势的澳大利亚葡萄酒，对华出口将大幅增加，从而导致澳大利亚葡萄酒在中国市场的比较优势更加明显，其出口收入和市场份额均将大幅增加，从而对中国国产葡萄酒的市场空间造成更大的挤压。这一点也被最近几年中国葡萄酒市场竞争的基本现实所证明。

**2. 中澳 FTA 对两国葡萄酒生产者与消费者福利的影响大小**

CHAFTA 建成后除了对中澳两国葡萄酒价格、销量和市场份额等生产与销售活动产生影响外，同时还会对中澳两国葡萄酒生产者福利、消费者福利以及两国的社会净福利产生影响。根据经济学理论，某项经济政策的福利影响主要包括三个方面：生产者剩余的变化、消费者剩余的变化以及政府税收收入的变化。上述三个方面的福利变化加总就可以得到该经济政策的社会净福利影响。FTA 的福利影响也主要包括上述几个方面。COM-PAS 模型还可以模拟出中澳 FTA 对中澳两国葡萄酒行业生产者剩余、消费者剩余以及两国政府税收收入的影响大小，具体结果见表 5-11：

表 5-11　　CHAFTA 对中澳两国葡萄酒行业的福利影响　　　单位：百万美元

| 国家 | A 生产者剩余 | B 消费者剩余 | C 关税变化 | D = A + B + C 净福利变化 |
|---|---|---|---|---|
| 中国 | -6.11 | 17.23 | -7.73 | 3.39 |
| 澳大利亚 | 7.63 | -2.61 | 0.01 | 5.02 |

资料来源：COMPAS 模型模拟得到（其中负值表示有关变量的减少，正值表示有关变量的增加）。

表 5 – 11 展示了 CHAFTA 建成后对中澳两国葡萄酒行业生产者与消费者福利以及两国关税收入的影响大小，其中第二列代表对两国葡萄酒生产者的福利影响大小，第三列表示 CHAFTA 对两国葡萄酒消费者福利的影响大小，第四列表示 CHAFTA 建成后对两国葡萄酒产品关税收入的影响大小。

首先看对中国葡萄酒生产者福利、消费者福利以及葡萄酒进口税收收入的影响大小。表 5 – 11 第二行中的模拟结果表明，CHAFTA 建成后，中国葡萄酒生产者剩余在 2015 年度基础上每年大约减少 6.11 百万美元。主要原因在于，由于国产葡萄酒的销售价格被迫下降，产量减少，因此，中国葡萄酒生产者的福利大幅下降。同时，中国葡萄酒消费者的剩余每年大约增加 17.23 百万美元。原因在于，CHAFTA 建成后，澳大利亚葡萄酒对华出口价格下降，出口量大幅增加，中国消费者可以购买到更多价廉物美的进口葡萄酒。但是，表 5 – 11 第二行中的模拟结果还表明，由于对澳大利亚进口葡萄酒的关税减免，中国葡萄酒产品的进口关税收入每年减少 7.73 百万美元。表 5 – 11 第二行中的最后一个模拟结果还表明，总体来说，就葡萄酒行业层面来看，CHAFTA 建成后，中国的社会净福利为正，而且每年大约增加 3.39 百万美元。

再来看看 CHAFTA 建成后对澳大利亚葡萄酒行业的福利影响大小。从表 5 – 11 第三行中的模拟结果可以发现，第一，CHAFAT 建成后，澳大利亚葡萄酒生产者的福利将在 2015 年的基础上增加 7.63 百万美元。其中的主要原因在于，CHAFAT 框架下，澳大利亚葡萄酒对华出口的成本大幅下降，出口销售收入大幅上升。第二，澳大利亚消费者的福利每年减少 2.61 百万美元。可能的经济学解释是，由于澳大利亚葡萄酒对华出口量的大幅增加（16.4%），导致澳大利亚葡萄酒对其国内市场的供给减少，在消费没有变化的情况下，澳大利亚国内市场的葡萄酒价格将有所上升，从而导致澳大利亚本国葡萄酒消费者的福利下降。从表 5 – 11 第三行的模拟结果还发现，澳大利亚葡萄酒产品的进口关税变化非常有限，其中主要原因是中国葡萄酒对澳大利亚的出口几乎为零。表 5 – 11 第三行的最后一个模拟结果表明，CHAFAT 建成后，就葡萄酒行业层面来看，澳大利亚的社会净福利每年大约增加 5.02 百万美元。

综上，从两国葡萄酒行业层面的社会净福利变化来看，CHAFAT 建成后，中澳两国的社会净福利均将有所增加，虽然澳大利亚的社会净福利增加额要远远高于中国的社会净福利增加额。但是，从不同群体的福利指标来看，中国消费者将是 CHAFTA 的最大受益者，其次是澳大利亚葡萄酒生产者，但中国葡萄酒生产者福利受损。

## 5.6　主要研究结论及政策性建议

近年来，随着全球 FTA 数量的快速增加，FTA 的经济和福利影响广受关注，相关文献十分丰富，然而已有文献大多利用一般均衡模型（CGE模型）进行宏观视角的实证分析，而如何利用可计算局部均衡模型从行业层面来实证考察 FTA 对某些重点行业的经济与福利影响，深入系统的研究比较鲜见。为了弥补已有文献的这一不足，本书利用弗朗索瓦和霍尔（Francois and Hall, 1997）构建的可计算局部均衡 COMPAS 模型，实证考察了中澳自由贸易协定（CHAFTA）的建成对两国葡萄酒价格、生产、贸易、生产者福利、消费者福利以及两国关税收入等指标的影响大小。

事实上，由于关税减免程度、行业竞争环境、进出口规模大小、进出口需求和供给弹性等差异，FTA 对成员和非成员不同行业的影响存在很大的差异。因此，如何从准确测度 FTA 在特定行业层面的经济与福利影响，有时显得尤为重要。可计算局部均衡 COMPAS 模型为从行业层面分析贸易政策变化导致的各种经济与福利效应提供了一个有力的工具。

基于弗朗索瓦和霍尔（1997）构建的 COMPAS 模型，本书首先从理论上揭示了 FTA 影响成员特定行业的产出、就业以及贸易等经济活动的内在机理。然后利用中澳两国葡萄酒生产、贸易等数据，对 CHAFTA 建成后对中国和澳大利亚葡萄酒生产、价格、贸易、就业等指标影响大小进行了模拟分析。模拟结果表明：CHAFTA 建立后，由于关税减免，澳大利亚葡萄酒对华出口成本大幅下降，从而导致澳大利亚葡萄酒对华出口价格出现下降、出口量将有大幅增加；中国葡萄酒企业面临更加严峻和激烈的竞争，国产葡萄酒无论在价格、产量、销售收入、市场份额、就业人数以及产能利用率等方面，均会出现一定幅度的下降。从福利指标来看，CHAFAT 将有利于促进中澳两国的社会净福利的提高，不过，澳大利亚的社会净福利增加额要远远高于中国的社会净福利增加额。从不同群体的福利指标来看，中国葡萄酒消费者的福利增加的幅度最大，其次是澳大利亚葡萄酒生产者，但中国葡萄酒生产者福利水平有所下降。

本章分析的政策性含义也十分明显。

首先，从社会净福利的变化来看，本章的模拟结果表明，至少在葡萄酒行业层面，中澳 FTA 是一个双赢的贸易协议，两国的社会净福利都将有所增加。这也为中国实施自由贸易区战略提供了理论与现实依据。

其次，从行业层面的模拟结果表明，中国消费者将是中澳 FTA 最大的受益者，或者说，区域性的 FTA 将有利于进口更多的价廉物美的国外商品，从而促进城乡居民的消费升级，提高中国居民的福利水平；这也为近年来中国主动扩大消费品进口提供了现实依据。

最后，在签署中澳 FTA 之前，国内有不少人士担心 CHAFTA 将会对中国葡萄酒等行业的生产造成巨大冲击。但是本书的研究表明，由于中澳两国的葡萄酒等产品具有高度的互补性，CHAFTA 建立对两国葡萄酒等产业生产的冲击比较有限。而且，高品质进口产品的增加，也可以促进中国国产葡萄酒品质的提升。

# 第6章 FTA行业层面经济与福利影响：基于全球视角可计算局部均衡模型的研究

第5章利用可计算局部均衡的COMPAS模型从双边视角研究了FTA在行业层面的经济与福利影响。但是，根据国际贸易理论，区域性的FTA除了对成员具有贸易与福利影响，具有贸易创造效应外，还会对非成员与成员之间的贸易产生影响。因此，如何从全球视角来研究FTA的经济与福利影响具有重要的理论与现实意义。

为此，弗朗索瓦和霍尔（2003）将COMPAS模型拓展为"全球模拟系统"（Global Simulation Model，GSIM模型）。GSIM模型虽然仍属局部均衡模型，但是具有全球视角，可以从全球视角和行业层面模拟分析某项贸易政策的变化对众多有关国家同一行业生产、贸易、就业等指标的影响大小。为了提高模拟结果的准确性，弗朗索瓦和霍尔（2009）进一步提出了非线性的GSIM模型。同CGE模型相比，可计算局部均衡只需考虑单个产品市场的均衡，因此需要求解的方程大大减少，只需收集有限的数据即可对特定贸易政策的变化在行业层面的经济与福利效应进行预测，具有更大的灵活性和可操作性。不过，弗朗索瓦和霍尔（2003）构建GSIM模型的主要目的是考察反倾销的经济与福利影响。本章将对弗朗索瓦和霍尔（2003）构建的模型进行部分修改，并将关税减让变量纳入GSIM模型，以便分析RCEP协议中减免农产品关税对全球农产品的生产、贸易及福利经济效应的影响。

本章的主要贡献与创新体现在如下几个方面：第一，引进关税变量对弗朗索瓦和霍尔（2003，2007）构建的可计算局部均衡GSIM（全球模拟系统）模型进行修正，以分析FTA框架下关税减免在行业层面经济与福利影响的内在机理；第二，基于2015年全球农产品生产与贸易的现实，从行业层面就《区域全面经济伙伴关系协定》（RCEP）建立后成员与非成员的农产品生产、价格与贸易的影响大小进行了前瞻性的评估；第三，本章还就RCEP建立后对有关国家生产者剩余、消费者剩余以及政府关税收入的影响大小进行了实证考察。本章的研究不仅可为我国实施自由贸易区战略提供理论与实证依据，也为专家学者从行业层面分析特定贸易政策变化的经济与福利影响提供了一个新的视角和方法。

## 6.1 全球视角的 GSIM 模型的基本假设与理论框架

同可计算一般均衡模型一样，GSIM 模型的关键假设也是 Armington 假设：即不同国家生产同一种产品，产品的差异主要在于产地的不同，因此产品之间不完全替代。

**1. 需求函数**

假设存在 $n$ 个不同的国家或地区，这些国家或地区生产同类但不同质的产品，其中进口国 $v$ 从出口国 $r$ 进口产品，而且进口需求由该国的总支出 $y_v$、出口国 $r$ 产品在该国市场上的价格 $P_{v,r}$ 和来自其他国家或地区同类产品的价格 $P_{v,s}$ 三个变量所决定，进口需求函数表示如下[①]：

$$M_{v,r} = f(P_{v,r}, P_{v,s}, y_v) \quad r,s,v = 1,2,\cdots,n \quad (6-1)$$

由于不同国家的产品之间是不完全替代关系，因此应用局部需求的斯勒茨基分解和希克斯的同质产品特性，对式（6-1）可以推导出不同来源产品间的交叉价格弹性以及产品自身价格弹性分别为：

$$N_{v,(r,s)} = \theta_{v,s}(E_m + E_s) \quad (6-2)$$

$$N_{v,(r,r)} = \theta_{v,r} E_m - \sum_{s \neq r} \theta_{v,s} E_s = \theta_{v,r} E_m - (1 - \theta_{v,r}) E_s \quad (6-3)$$

式（6-2）和式（6-3）中，$\theta_{v,s}$ 表示进口国 $v$ 对来自 $s$ 国产品的消费份额，$\theta_{v,r}$ 表示进口国 $v$ 对来自 $r$ 国产品的消费份额，$E_m$ 表示进口国市场对产品总的需求弹性，$E_s$ 表示不同国家产品之间的替代弹性。

**2. 供给函数**

上面是关于产品需求方面的假设，接下来考虑产品的供给问题。假设出口国 $r$ 生产的产品在国际市场上的价格为 $P_r^*$，进口国 $v$ 对来自出口国 $r$ 的产品降低 $t_{v,r}$ 的从价税，设 $r$ 国出口的产品在进口国 $v$ 市场上的价格为 $P_{v,r}$，则这两个价格之间的关系为：

$$P_{v,r} = (1 - t_{v,r}) P_r^* = T_{v,r} P_r^* \quad (6-4)$$

式（6-4）中的 $T_{v,r} = 1 - t_{v,r}$，为关税影响力因子，引进关税影响力

---

① 一般情况下，本章中各个变量的右下标第一个字母表示进口国，第二个字母表示出口国。

因子的主要目的是可以考察进口关税变化对进口产品市场价格与市场份额的影响大小。令出口国 $r$ 对国际市场的供给 $X_r$ 是其出口产品在国际市场上价格 $P_r^*$ 的函数，即：

$$X_r = f(P_r^*) \tag{6-5}$$

为了弄清价格以及关税变化如何导致出口国出口供给以及进口国的进口需求变化，对上面的式（6-1）、式（6-4）以及式（6-5）分别进行微分，并进行整理，可以得到以下一些结果[①]：

$$\hat{P}_{v,r} = \hat{P}_r^* + T_{v,r} \tag{6-6}$$

$$\hat{X}_r = E_{X,r}\hat{P}_r^* \tag{6-7}$$

$$\hat{M}_{v,r} = N_{v,(r,r)}\hat{P}_{v,r} + \sum_{r \neq s} N_{v,(r,s)}\hat{P}_{v,s} \tag{6-8}$$

式（6-6）表明，$r$ 国的产品在进口国 $v$ 的市场价格变化率 $\hat{P}_{v,r}$ 取决于 $r$ 国的产品在国际市场上价格的变化率以及进口国关税的变化率。式（6-7）中 $\hat{X}_r$ 是 $r$ 国对国际市场总供给的变化率，该式表明当 $r$ 国供给弹性保持不变时，其产品在国际市场上价格的变化如何影响其供给的变化，其中 $E_{X,r}$ 是 $r$ 国的产品供给弹性。式（6-8）中 $\hat{M}_{v,r}$ 是 $v$ 国对来自 $r$ 国的产品需求变化率，式（6-8）表明在不同国家之间产品替代弹性保持不变的情况下，$v$ 国对来自 $r$ 国的产品需求变化率 $\hat{M}_{v,r}$ 由 $r$ 国的产品在 $v$ 国市场价格变化率 $\hat{P}_{v,r}$ 以及其他国家同类产品在 $v$ 市场价格变化率 $\hat{P}_{v,s}$ 共同决定，其中，$\hat{N}_{v(r,r)}$ 是进口国 $v$ 对 $r$ 国出口产品需求的价格弹性，$\hat{N}_{v(r,s)}$ 表示 $r$ 国的产品与 $s$ 国的产品在 $v$ 国市场上的交叉价格弹性。

根据上述假设，可以进一步分析国际市场对 $r$ 国产品总需求的变化情况。通过将上面的式（6-2）、式（6-3）以及式（6-6）代入式（6-8），整理后得到国际市场对 $r$ 国产品总需求的变化率为：

$$\hat{M}_r = \sum_v \hat{M}_{v,r} = \sum_v N_{v,(r,r)}v,r + \sum_v \sum_{s \neq r} N_{v,(r,s)}v,s$$

$$= \sum_v N_{v,(r,r)}\left[\hat{P}_r^* + \hat{T}_{v,r}\right] + \sum_v \sum_{s \neq r} N_{v,(r,s)}\left[\hat{P}_s^* + \hat{T}_{v,s}\right] \tag{6-9}$$

式（6-9）表明，国际市场对 $r$ 国产品总需求的变化率取决于其本身的价格变化率 $r^*$、替代品的价格变化率 $s^*$ 以及进口国关税水平的变化率 $\hat{T}_{v,r}$ 和 $\hat{T}_{v,s}$。

**3. 市场均衡函数**

由于上述式（6-7）表示 $r$ 国对国际市场的总供给变化，因此，$r$ 国

---

① 公式中字母上面的"^"号表示该字母代表该变量的变化率，如 $\hat{x} = \dfrac{\Delta x}{x}$。

产品在国际市场上的出清条件为：

$$\hat{X}_r = \hat{M}_r \Rightarrow = E_{X,r}\hat{P}_r^* = \sum_v N_{v,(r,r)}v,r + \sum_v \sum_{s \neq r} N_{v(r,s)}v,s\hat{p}$$

$$= \sum_v N_{v,(r,r)}\left[\hat{P}_r^* + \hat{T}_{v,r}\right] + \sum_v \sum_{s \neq r} N_{v,(r,s)}\left[\hat{P}_s^* + \hat{T}_{v,s}\right] \quad (6-10)$$

由式（6-10）可以求解出使各国产品在国际市场上出清的均衡价格，而模型的主要思想就是通过考察各种贸易政策如何影响某种产品在国际市场上的均衡价格，进而影响进出口贸易流量、进口国企业的产出和收益以及进出口国的福利水平等经济变量，这也是全球模拟模型名字的由来，因此，式（6-10）是整个模型的核心方程。[①] 本章通过将进口关税因子引进模型来分析减免关税措施影响成员、非成员等相关国家企业的产出、出口、收益以及福利等经济指标的内在机制。

## 6.2 全球视角下 FTA 行业层面经济与福利效应的内在机理

基于修正的模型，本部分将从全球视角探讨自由贸易协议产品关税水平影响不同国家经济指标的内在机理。由于自由贸易协议的目的是减少关税壁垒，实现区域经济自由贸易，所以实现自由贸易的直接措施是减免自由贸易区的产品关税。因此，本章针对选取的国家农产品减免进口关税的变化来分析全球农产品的生产、贸易以及福利经济效应的影响。为了分析方便，假设只有其中一个国家 v 国对 r 国的产品减免关税，即大幅减免对 r 国产品的进口关税，而对其他国家产品的关税保持不变。

### 6.2.1 自由贸易协定的贸易效应

根据式（6-10），进口国 v 对 r 国产品需求量的变化率等于：

$$\hat{M}_{v,r} = N_{v,(r,r)}\hat{P}_{v,r} + \sum_{r \neq s} N_{v,(r,s)}\hat{P}_{v,s} \quad (6-11)$$

当国际市场价格保持不变时，进口价格的变化由关税水平决定，因此进口国 v 对 t 国产品需求量的变化为：

$$TC_{v,r} = M_{v,r}N_{v,(r,r)}\hat{T}_{v,r} \quad (6-12)$$

同样可以求出减免关税对其他国家产品的进口影响：

$$TD_{v,s} = M_{v,s}N_{v,(r,s)}\hat{T}_{v,r} \quad (6-13)$$

---

式（6-13）表明，当进口国 $v$ 对 $r$ 国产品减免进口关税后，$v$ 国从其他国家的进口量变化情况，即关税减免的贸易创造效应。

关税减免最直接的经济效应是影响有关国家的进出口贸易流量，首先考察减免进口关税对有关国家进出口总量的影响。在保持各国产品弹性以及各国关税水平不变的前提下，由式（6-10）可以求解出各国产品在国际市场上同时出清的均衡价格变化率 $\hat{P}_t^*$，然后将求出的均衡价格代入式（6-7）就可求出 $r$ 国总出口量的变化率 $\hat{X}_r$。再将均衡价格变化率 $\hat{P}_t^*$ 代入式（6-9）就可以求出国际市场对 $r$ 国产品总需求量的变化率 $\hat{Mr}$。由于各国产品在国际市场上出清的均衡价格变化率 $\hat{P}_r^*$ 受到各国关税水平的影响，因此，当某国关税水平发生变化时，比如减免进口关税，将导致 $\hat{P}_r^*$ 发生变化，从而导致各国进出口量发生变动。

### 6.2.2　自由贸易协定的价格、产出与就业效应

#### 1. 减免进口关税的价格效应

减免进口关税除了对有关国家贸易流量产生影响外，还会对自贸区成员的产品与非成员产品的进口价格产生影响。可以通过令各国家（或地区）产品在国际市场同时出清，求解出各国产品的均衡价格，而关税水平又会对这些均衡价格产生影响，因此，理论上可以求出关税水平对各国产品的价格影响。但是限于篇幅，这里只对这个问题进行简要的分析。首先减免进口关税将降低成员产品的进口价格，这是比较直观的。根据式（6-6），出口国 $r$ 产品在进口国 $v$ 的市场价格变化率取决于出口国 $r$ 产品在国际市场上价格的变化率以及进口国关税的变化率，所以，减免进口国产品关税将直接使成员产品在自由贸易区市场上价格的下降。因为，成员产品在自由贸易区市场上价格下降后，由于上面分析的贸易创造效应，进口国会对成员产品的需求增加，这将导致非成员产品的需求减少、在自由贸易区的价格可能会有所上升。

#### 2. 减免进口关税的产出与收入效应

在可计算局部均衡 GSIM 模型中，各国产出由其供给弹性以及产品在国际市场上的价格共同决定，当供给弹性不变时，产出的变化取决于该国产品在国际市场上的价格变化。当成员之间减免关税后，惩罚性关税通过价格传导机制进一步影响到各个国家的总产出水平。在本章中，各国的总产出等于该国在国际市场上的总供给，因此，同样可以通过式（6-7）求出各国产出的变化情况。

由于减免关税影响各国企业的产出以及产品的价格，因此将影响到各国企业的收入。又因收入变化等于产出变化与价格变化的乘积，因此，减免关税对 $r$ 国的收入影响可以表示为：

$$\Delta R_r = X_r(E_{X,r} \hat{P}_r^*)(p_r^* \hat{P}_r^*) \tag{6-14}$$

式（6-14）中，$\Delta R_r$ 表示 $r$ 国企业收入的变化量，等式右边的 $X_r(E_X, \hat{P}_r^*)$ 是 $r$ 国企业产出的变化量，而 $p_r^* \hat{P}_r^*$ 则表示该国产品在国际市场的价格变化量。

（3）减免关税的就业效应。为了探讨减免进口关税如何影响一国的就业情况，需要引进 Cobb - Douglas 生产函数：

$$X_j = A_j L_j^{\alpha_j} K_j^{1-\alpha_j} \tag{6-15}$$

式（6-15）中，$X_j$ 表示 $j$ 国的出口或市场供给量，$A_j$ 表示 $j$ 国的全要素生产率，$L_j$ 表示 $j$ 国生产者的劳动使用量，$K_j$ 表示 $j$ 国生产者的资本使用量，$\alpha_j$ 表示劳动对生产的贡献率（或者说是劳动的产出弹性），$1 - \alpha_j$ 表示资本对生产的贡献率。为了便于分析，假设资本使用量 $K_j$ 保持不变。所以企业通过改变劳动投入来改变产量。对式（6-15）两边取微分可以得到产出变化与劳动变化之间的关系：

$$dX_j = \alpha_j A_j L_j^{\alpha-1} K_j^{1-\alpha} = dL_j \tag{6-16}$$

由式（6-16）可以得出：

$$\frac{dX_j}{X_j} = \alpha_j \frac{dL_j}{L_j} \tag{6-17}$$

从而得到就业变化率与产出变化率之间的关系：

$$\hat{L}_j = \alpha_j^{-1} \hat{X}_j \tag{6-18}$$

显然，自由贸易协定关税减免会对 $j$ 国的就业产生影响，而且取决于产出的变化率和该国劳动贡献率的大小这两个因素。显然就业变化率与产出变化率呈正比，与劳动贡献率呈反比。

**3. 自由贸易协定的福利效应**

（1）生产者剩余的变化。先分析自由贸易协定减免关税对生产者剩余的影响，一般认为进口国减免关税有利于出口国的生产者福利增加，对进口国本国产品的生产者福利存在一定程度的冲击。

一般分析认为，生产者剩余等于价格线与供给曲线之间的面积。根据 GSIM 模型有关的假设，生产者剩余的变化为：

$$\Delta PS_r = R_r^0 \hat{p}_r^* + \frac{R_r^0 \hat{p}_r^* \hat{X}_r}{2} = R_r^0 \hat{p}_r^* \left(1 + \frac{E_{X,r} \hat{p}_r^*}{2}\right) \tag{6-19}$$

式（6-19）中的 $\Delta PS_r$ 表示 $r$ 国生产者剩余的变化，$S_r$ 是 $r$ 国的产品供给曲线，$R_r^0$ 表示基期时 $r$ 国的出口收入。

（2）消费者剩余的变化。自由贸易协定减免关税还会对有关国家的消费者福利产生影响。在主流西方经济学中，一般都用消费者剩余的变化来表示消费者福利的变动。为了计算消费者剩余的变化，本章引进一个固定替代弹性（CES）消费函数：

$$Q_v = A_v \Big[ \sum^{r} \gamma_{v,r} M_{v,r}^{p} \Big]^{1/\rho} \qquad (6-20)$$

式（6-20）中，$Q_v$ 表示 $v$ 国所有消费者消费的商品组合，$A_v$ 是一个效能参数，保证商品组合在基期的价格为 1，$\gamma_{v,r}$ 表示 $v$ 国消费者对 $r$ 国产品的偏好指数，$\rho$ 是常数，$\rho$ 与产品间替代弹性 $E_s$ 的关系为 $E_s = \dfrac{1}{1-\rho}$。由于模型设定商品组合在基期时均衡价格等于 1，因此，进口国消费商品的总体价格水平变化率为：

$$\hat{P} = \frac{d\hat{P}}{\hat{P}} = \sum_r \theta_{v,r} \hat{P}_{v,r} = \sum_r \theta_{v,r} \Big[ (1 + \hat{P}_r^{*}) \frac{T_{v,r}^{1}}{T_{v,r}^{0}} \Big] \qquad (6-21)$$

式（6-21）中，$\theta_{v,r}$ 表示 $v$ 国所有消费者对 $r$ 国产品的消费支出占总消费支出的比重，$\hat{P}_{v,r}$ 表示 $r$ 国产品在 $v$ 国市场的价格变化率，$\hat{P}_r$ 表示 $r$ 国产品在国际市场的总体价格水平的变化率。$T_{v,r}^{0}$ 和 $T_{v,r}^{1}$ 分别表示自由贸易协定减免关税前后 $r$ 国产品进入 $v$ 国市场时关税水平。一般认为，消费者福利的变化等于产品价格线与需求曲线的面积，则消费者剩余为：

$$\Delta CS_v = \Big( \sum_r R_{v,t}^0 T_{v,r}^0 \Big) + \Big( \frac{1}{2} E_{M,v} (\hat{P}_v)^2 - \hat{P}_v \Big) \qquad (6-22)$$

这里的 $\Delta CS_v$ 表示 $v$ 国消费者剩余的变化，$R_{v,t}^0 T_{v,r}^0$ 表示基期 $v$ 国消费者对 $r$ 国产品的支出，$E_{M,v}$ 表示 $v$ 国消费者对进口产品的需求弹性，$\hat{P}_v$ 表示 $v$ 国消费者所消费商品组合的价格变化率。所以自由贸易协定减免关税不仅会引起有关国家进出口量的变化，而且会影响进口国关税收入的变化。

# 6.3　研究设计与数据收集

## 6.3.1　研究设计

GSIM 模型模拟分析属于比较静态分析，其基本思路和主要步骤如下：第一步，确定一个考察基期，收集和计算基期有关国家特定产品的产出、进出口贸易额、市场份额等数据；第二步，假设除某项贸易政策外其他条件不变（剔除其他因素的影响），利用模型模拟出市场再次出清时各国特定产品的产出、价格、进出口贸易等指标的值；最后，将有关经济指标的模拟值与基期的数值进行比较，从而得到贸易政策变化在行业层面的经济与福利影响大小。

由于 WTO 框架下的多边自由贸易谈判因农业补贴、农产品关税等敏感议题而止步不前，区域性自由贸易协定（FTA）成为众多国家的现实选择。根据 WTO 区域性自由贸易协定数据库（Reginal Trade Agreements Database）的统计，截至 2021 年 10 月，全球范围内正在生效的 FTA 的数量为 351 个，还有超过 200 个区域性贸易协定正在筹划谈判当中。其中最引人关注的当属中国、东盟以及日本、韩国等众多国家之间的《区域全面经济伙伴关系协定》（RCEP）谈判。RCEP 自 2012 年正式启动以来，经过多轮磋商，已于 2020 年 11 月 15 日正式签署。RCEP 建成后不仅将成为世界上涵盖人口最多、成员构成最多元、发展最具活力的自由贸易区，而且也将成为亚太地区乃至全球范围内规模最大、影响最深远的自由贸易协定谈判。[①] 之所以选择农产品作为分析对象，主要有两个考虑：第一，农业在 RCEP 主要成员中都具有举足轻重的地位，这些国家对农业部门的保护程度较高；第二，随着全球范围内 FTA 数量的不断攀升，FTA 的经济与福利效应受到政府、企业与消费者的广泛关注，同时也成为学术界的一个热点问题，相关研究成果不断涌现。然而，已有的研究以宏观层面的实证分析居多，行业层面深入的理论与实证分析比较少见。宏观层面的研究虽然能够让我们从总体上把握 FTA 的经济影响大小，但对于政策制定者、从业者与消费者来说，更加关注 FTA 在行业层面的经济影响。诸如 FTA 影响某个特定行业的产出、贸易、生产者与消费者福利的内在机理何在？如何客观准确地测度出这些经济与福利效应的大小？这些问题都值得深入分析。作为亚太地区规模最大的自由贸易协定，RCEP 成员不仅是重要的农产品生产与进出口国，也是农产品贸易保护程度较高的国家或地区。本章在弗朗索瓦和霍尔（2003，2007）等文献的基础上，构建一个局部均衡模型，揭示 FTA 框架下关税减免在行业层面经济与福利影响的内在机理；然后基于 2015 年全球农产品生产、贸易与消费的现实，通过将局部均衡模型可计算化，就 RCEP 建立后对全球主要国家农产品生产、价格、贸易、生产者与消费者福利等影响大小进行了前瞻性地实

---

① RCEP 成员包括东盟十国与中国、日本、韩国、澳大利亚、新西兰共 15 个成员。

证分析。

本章以2015年全球农产品生产、贸易和消费为基础，利用GSIM模型模拟得出成员之间农产品关税取消后，各国农产品的产出、价格和进出口量、生产者与消费者剩余等经济指标的值，最后将有关经济指标的模拟值与基期的实际数值进行比较，从而得出RCEP建立对在行业层面的经济与福利影响大小。考虑到RCEP成员当中，有些成员已经与其他成员签署了双边自由贸易协定，比如澳大利亚已经与日本、韩国、中国、东盟等均已经签署了FTA。为了剔除这些已有FTA的影响，本章假定RCEP不改变这些已经签署双边FTA的成员之间的关税税率。

GSIM模型可根据研究需要选择不同的国家数量进行分析。权衡RCEP成员数量以及全球农产品生产和贸易情况，本章采用11国模型。具体来说，基于2015年全球农产品进出口主要国家（地区）和RCEP成员2015年农产品进出口份额，本章选择日本、韩国、俄罗斯、新西兰、欧盟、美国、加拿大、澳大利亚、中国和东盟等10个农产品具有代表性的国家（地区）作为重点分析对象，再把所有其余国家看成一个整体作为第11个国家，构建11国模型。其中东盟、中国、日本、韩国、澳大利亚、新西兰不仅是RCEP成员，而且也均为农产品进口大国（比如中国、韩国、日本）或农产品出口大国（比如澳大利亚、新西兰、中国），美国、欧盟、俄罗斯、加拿大等四国虽是非RCEP成员，但也均为农产品生产贸易大国。

### 6.3.2 所需数据收集

GSIM模型所需的数据主要包括以下三大类：（1）所选国家或地区之间在基期农产品的贸易额；（2）所选国家或地区农产品供给弹性、需求弹性以及替代弹性数据；（3）RCEP建立前后有关国家农产品进口关税税率变化大小。

**1. 所选国家之间农产品贸易额数据**

作者从联合国商品贸易数据库、美国农业部等数据库收集到了所选11个国家和地区2015年度农产品进出口贸易额如表6-1所示。

表6-1　　　　2015年所选国家和地区农产品贸易以及内销额　　　　　单位：亿美元

| 出口国 | 日本 | 韩国 | 俄罗斯 | 新西兰 | 欧盟 | 美国 | 加拿大 | 澳大利亚 | 中国 | 东盟 | 其余国家 |
|---|---|---|---|---|---|---|---|---|---|---|---|
| 日本 | 469.56 | 2.53 | 0.21 | 0.190 | 1.89 | 6.29 | 0.53 | 0.68 | 4.66 | 7.63 | 17.69 |
| 韩国 | 11.81 | 252.84 | 0.92 | 0.680 | 2.05 | 5.40 | 0.70 | 0.83 | 9.41 | 7.80 | 7.51 |
| 俄罗斯 | 2.79 | 11.69 | 417.71 | 0.001 | 18.71 | 0.30 | 0.06 | 0.01 | 11.24 | 0.70 | 75.90 |
| 新西兰 | 9.97 | 3.46 | 0.80 | 57.670 | 23.91 | 21.37 | 2.60 | 17.00 | 34.88 | 22.66 | 46.75 |
| 欧盟 | 44.50 | 19.88 | 84.25 | 4.010 | 1074.94 | 86.71 | 16.86 | 22.43 | 56.79 | 53.35 | 651.67 |
| 美国 | 104.30 | 54.61 | 1.37 | 3.770 | 85.30 | 4052.00 | 214.17 | 12.73 | 75.86 | 63.32 | 387.70 |
| 加拿大 | 18.94 | 3.03 | 0.33 | 0.620 | 26.48 | 220.23 | 90.14 | 1.72 | 17.99 | 12.14 | 56.35 |
| 澳大利亚 | 29.12 | 16.91 | 0.58 | 9.870 | 7.66 | 32.45 | 2.98 | 114.86 | 35.97 | 57.31 | 66.50 |
| 中国 | 91.93 | 36.64 | 16.29 | 1.480 | 55.60 | 64.01 | 8.31 | 8.08 | 9778.58 | 12.65 | 170.12 |
| 东盟 | 73.97 | 21.49 | 8.10 | 10.260 | 101.22 | 103.95 | 11.70 | 8.28 | 80.23 | 2269.74 | 148.93 |
| 其余国家 | 92.70 | 48.51 | 84.85 | 5.790 | 844.38 | 466.05 | 56.64 | 14.56 | 132.74 | 151.50 | 8785.10 |

资料来源：作者根据联合国商品贸易数据库等数据库整理得出。

表6-1中第一列是农产品的出口国，第一行为农产品进口国，表中对应的数值是2015年所列国家之间的农产品进出口额，数据主要来源于联合国商品贸易数据库（UN Comtrade）。对角线上的数字表示所对应国家农产品的内销额，本章利用各国农产品的总产值减去其出口额得到。为了统一统计口径，各国农产品总产值数据主要源于美国农业部的统计。

**2. 弹性参数**

弹性参数是可计算局部均衡GSIM模型中最关键的参数，对模拟结果起着直接的影响。近年来，国内外不少实证考察各国上述弹性参数的文献，考虑到本章涉及的国家比较多，农产品本身又是一个比较广泛的概念，因此，本章借用国内外相关研究来确定有关国家农产品的需求弹性、供给弹性以及各国农产品间的替代弹性。

根据徐振宇等（2016）的估计，中国居民食品类产品的需求价格弹性的平均值为-0.94。奥克伦特和阿尔斯通（Okrent and Alston，2012）估计得到美国家庭对不同食品需求的价格弹性均值为-0.58。由于美国是全球最大的农产品出口国，在发达国家中具有较高的代表性，故本章就以-0.58作为其他发达国家农产品需求的价格弹性。根据内梅斯等（Németh et al.，2011）的估计，在欧盟国家本国农产品与进口农产品之间的短期替代弹性和长期替代弹性分别为5.24和6.5。考虑到自由贸易协定的影响具有长期性，因此本章取6.5为各国农产品的替代弹性。受到土地、季节与气候等外在因素的影响，农产品的供给波动性比较大，因此，要准确估计各国农产品供给弹性比较困难。作者没有收集到直接估计有关国家农产品供给弹性的文献，而是沿用 GTAP9.0 中各国供给弹性参数值作为替代。[①]

表6-2　　　　　　所选国家农产品的需求、供给与替代弹性大小

| 弹性 | 中国 | 日本 | 韩国 | 东盟 | 澳大利亚 | 新西兰 | 欧盟 | 美国 | 加拿大 | 俄罗斯 | 其余国家 |
|---|---|---|---|---|---|---|---|---|---|---|---|
| 需求弹性 | -0.94 | -0.58 | -0.58 | -0.94 | -0.58 | -0.58 | -0.58 | -0.58 | -0.58 | -0.94 | -0.94 |
| 供给弹性 | 1.89 | 1.75 | 0.72 | 1.22 | 1.96 | 1.25 | 0.84 | 2.14 | 1.06 | 1.47 | 1.22 |
| 替代弹性 | 6.50 | 6.50 | 6.50 | 6.50 | 6.50 | 6.50 | 6.50 | 6.50 | 6.50 | 6.50 | 6.50 |

资料来源：作者根据相关研究结果整理得出。

### 3. 所选国家农产品关税税率

农业是世界各国政府重点保护的产业，因此，相对于工业品，农产品的关税普遍较高。由于农产品的范围广泛，同一个国家对不同农产品的关税税率往往并不相同。GTAP 数据库通过对世界主要国家的农产品关税加权平均得到各国农产品的平均关税税率。本章采用 GTAP9.0 中各国农产品的关税。

表6-3　　　　　　　所选国家的农产品关税税率　　　　　　　单位：%

| 国家 | 中国 | 日本 | 韩国 | 东盟 | 澳大利亚 | 新西兰 | 欧盟 | 美国 | 加拿大 | 俄罗斯 |
|---|---|---|---|---|---|---|---|---|---|---|
| 关税 | 13.7 | 16.6 | 33.5 | 24.8 | 11.1 | 13.9 | 21.3 | 6.4 | 18.5 | 15.7 |

资料来源：作者根据 GTAP database for tariffs 整理得出。

从表6-3可以发现，在所列出的国家中，目前农产品平均关税水平最高的为韩国，关税税率高达33.5%，其次是东盟国家等，而美国农产品的平均关税水平最低，只有6.4%，澳大利亚农产品平均关税水平排在倒数第二，中国农产品平均关税水平也只有13.7%，排在所列国家的倒数第三位。

---

① 考虑到"其余国家"中大部分属于发展中国家，故本章中"其余国家"的有关参数均用东盟的参数替代。

## 6.4 RCEP 建立对全球农产品生产、贸易与福利效应的影响

### 6.4.1 RCEP 对全球农产品贸易的影响大小

RCEP 建立对全球农产品最直接的影响当属有关国家农产品贸易额的变化。表 6-4 是经 GSIM 模型模拟得出所选 11 个国家或地区农产品贸易额在 2015 年基础上的变化情况。其中的数值是对应国家之间农产品进出口贸易额的变化大小（百分比），对角线的数值代表的是有关国家农产品内销额的变化大小。根据成员与非成员排列顺序，可以将表 6-4 中的模拟结果分为四大块：左上角区域代表成员之间的农产品贸易额变化、右上角区域代表成员对非成员的农产品出口额变化、左下角区域代表非成员对成员的出口额变化、右下角区域代表非成员之间的贸易额变化。

表 6-4　　　　　　　RCEP 建立后各国农产品贸易额的变化大小　　　　　单位：%

| 进口国<br>出口国 | 中国 | 日本 | 韩国 | 东盟 | 澳大利亚 | 新西兰 | 欧盟 | 美国 | 加拿大 | 俄罗斯 | 其余国家 |
|---|---|---|---|---|---|---|---|---|---|---|---|
| 中国 | -0.1 | 77.6 | -2.3 | -11.8 | 6.4 | -11.8 | -1.8 | -1.8 | -1.8 | -1.6 | -1.5 |
| 日本 | 87.1 | -7.0 | 167.3 | -1.7 | 16.2 | -1.7 | -8.2 | -8.2 | -8.1 | -8.4 | -8.5 |
| 韩国 | -0.2 | 77.5 | -2.4 | -11.9 | 6.3 | -11.9 | -1.8 | -1.9 | -1.9 | -1.6 | -1.6 |
| 东盟 | 6.4 | -10.6 | 4.2 | -5.3 | 76.0 | 73.1 | -4.7 | -4.7 | -4.6 | -4.9 | -5.0 |
| 澳大利亚 | -17.0 | -34.7 | -19.3 | 109.3 | -10.3 | 55.9 | -18.7 | -18.8 | -18.8 | -18.5 | -18.4 |
| 新西兰 | -7.5 | 72.5 | -9.7 | 114.7 | -0.9 | -19.3 | -9.2 | -9.2 | -9.2 | -9.0 | -8.9 |
| 欧盟 | 1.8 | -15.4 | -0.5 | -10.0 | -8.2 | -9.9 | 0.1 | 0.0 | 0.0 | 0.3 | 0.4 |
| 美国 | 1.8 | -15.4 | -0.4 | -9.9 | -8.3 | -9.9 | 0.1 | 0.1 | 0.0 | 0.3 | 0.4 |
| 加拿大 | 2.2 | -15.0 | -0.1 | -9.6 | -8.6 | -9.5 | 0.5 | 0.4 | 0.4 | 0.7 | 0.8 |
| 俄罗斯 | 1.4 | -15.7 | -0.8 | -10.3 | -7.9 | -10.3 | -0.3 | -0.3 | -0.3 | -0.1 | 0.0 |
| 其余国家 | 1.5 | -15.6 | -0.7 | -10.2 | -8.0 | -10.2 | -0.2 | -0.2 | -0.2 | 0.0 | 0.1 |

注：对角线位置上的数值表示各国农产品内销额的变化。

资料来源：作者根据 GSIM 模型模拟得出。

**1. RCEP 成员之间的贸易变化**

表 6-4 中左上角区域的模拟结果表明，RCEP 框架下的关税减免能够大幅促进之前没有签署 FTA 的成员之间的农产品贸易，具有显著的贸易

创造效应（trade creation effect）。以中国为例，从表6-4第2行中的估计结果来看，RCEP建成后，中国农产品对日本的出口将增加77.6%。其中的主要原因是，中国与日本没有签署FTA，加上日本的农产品关税非常高，因此，RCEP框架下日本的市场将对中国农产品开放，从而极大促进中国农产品对日本的出口。但是，需要指出的是，并不是所有成员之间都会出现贸易创造效应。相反，那些原来已经签署双边FTA的国家之间的农产品贸易额反而会有所下降，或者说，RCEP对这些已签署双边FTA的国家之间具有贸易破坏效应（trade destruction effect）。从表6-4第2行中的估计结果还可以发现，中国农产品对韩国、东盟、新西兰等国的出口额反而会减少，其中对东盟的出口额减少11.8%。原因是中国已经同这些国家签署了双边FTA，本章在模拟的时候假设RCEP不改变已签署双边FTA的国家间关税。

RCEP成员对非成员的出口贸易额变化。表6-4中右上角区域的模拟结果表明，所有成员的农产品对非成员的出口额均会有所减少。其中减少幅度最大的当属澳大利亚，其农产品对欧盟、美国等非RCEP成员的出口额每年减少18%以上。原因在于澳大利亚农产品对东盟、新西兰等国的出口大幅增加，从而导致对欧盟、美国等国的出口减少。因此，表6-4右上角的模拟结果表明，RCEP建成具有贸易破坏效应。

**2. 非RCEP成员对RCEP成员的出口贸易变化**

从表6-4左下角区域的模拟结果可以发现，欧盟、美国等非成员对日本、东盟、澳大利亚、新西兰等成员的出口将会有所下降，这表明RCEP建成后也会具有所谓的贸易破坏效应。但是，模拟结果还表明，欧盟、美国等非成员的农产品对中国等成员的出口反而有所增加，尽管增加的幅度都比较低。

非RCEP成员之间的农产品贸易变化。从表6-4右下角区域的模拟结果可以看出，RCEP建成后对欧盟、美国、加拿大、俄罗斯等非成员之间农产品贸易的影响非常有限。其中主要原因是欧盟、美国、加拿大等发达国家之间的农产品贸易比较大，而RCEP成员并不是这些国家农产品的主要出口市场，RCEP的建立对这些国家之间的农产品贸易影响不大。

### 6.4.2 RCEP建立对有关国家农产品产出和价格的影响大小

RCEP建成后，关税减免对有关国家农产品产出影响大小如图6-1所示。从图6-1可以发现，RCEP对成员农产品产出的影响存在较大差异，其中澳大利亚和新西兰的农产品产量增加幅度最大，每年分别增加5.6%

和2.7%。其中的原因是澳大利亚与新西兰是农产品出口大国，农产品对外依赖度比较高，中国、日本、韩国东盟等国家和地区均是其农产品的重要出口地，因此，RCEP 的建立对这两个国家农产品的生产影响最大。中国农产品产量也有一定程度增加，但增幅有限（0.4%）。

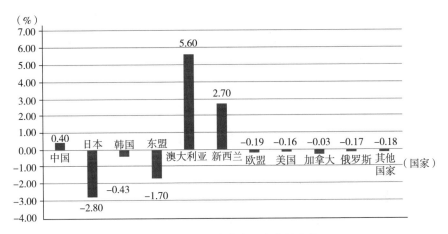

图6－1　所选国家农产品产出的变化

同时，日本、东盟、韩国等国家农产品产量会有所降低，其中日本的农产品产量降幅最大，达到2.8%。主要原因在于，日本是一个对农业部门进行高度保护的国家，RCEP 框架下日本农产品市场对中国等成员开放后，势必导致日本农产品进口大幅增加，从而导致其本国农产品产量下降。另外，东盟、韩国等国家或地区农产品也有一定程度下降。

不过，总体来看，RCEP 对中国、东盟国家农产品产出影响都比较有限（均低于1%）。其中可能的原因在于，中国、东盟等国家的农产品自给率比较高，加上这些国家之间已经签署一些双边自由贸易协定。另外，图6－1还表明，RCEP 对欧盟、美国、加拿大、俄罗斯等非 RCEP 成员农产品的产出影响也非常有限。其中的原因在于，欧盟、美国等均已同其产品主要市场韩国、日本等成员签署了 FTA，加上欧盟、美国等农产品对外贸易依赖度并不大。

表6－5是 RCEP 建成后对有关国家农产品价格的影响大小。GSIM 模型可以模拟出生产者价格的变化和消费者价格变化。从表6－5可以看出，RCEP 建成后对不同成员农产品价格的影响差异性较大，其中澳大利亚、新西兰、中国等国家的农产品价格会有一定幅度的上升，而日本、东盟等国家或地区的农产品价格会有所下降。不过，表6－5的模拟结果表明，

RCEP 建成后对有关国家农产品价格的影响均比较有限。

表 6 - 5           有关国家农产品价格的变化          单位：%

| 国家 | 中国 | 日本 | 韩国 | 东盟 | 澳大利亚 | 新西兰 | 欧盟 | 美国 | 加拿大 | 俄罗斯 | 其余国家 |
|---|---|---|---|---|---|---|---|---|---|---|---|
| 生产者价格变化 | 0.2 | -1.6 | -0.2 | -1.0 | 3.2 | 1.5 | -0.1 | -0.1 | -0.2 | -0.1 | -0.1 |
| 消费者价格 | 0.2 | -2.7 | -0.2 | -1.9 | 1.3 | 1.8 | -0.1 | -0.1 | -0.1 | -0.1 | -0.1 |

资料来源：作者根据 GSIM 模型模拟得出。

通过比较表 6 - 4 和表 6 - 5 的模拟结果，我们不难发现，FCEP 建立的贸易效应要明显大于其产出与价格影响。其中可能的原因在于，农产品大多属于生活必需品，需求弹性比较小，因此生产者往往更倾向于进行产量（或销量）竞争，而非采取价格竞争。

### 6.4.3   RCEP 建立对有关国家的福利影响

自由贸易理论的核心思想为：通过减免关税或消除贸易壁垒，提高资源的利用效率，增加国民的净福利。这也是不同国家建立双边或多边自由贸易协定的初衷。贸易政策的社会福利主要包括三个方面：生产者剩余、消费者剩余、政府的关税收入等。表 6 - 6 是 GSIM 模型模拟的 RCEP 自由贸易区对有关国家的福利影响大小。其中，第 2 列是有关国家农产品生产者福利的变化，第 3 列是有关国家消费者福利的变化，第 4 列是各国农产品关税收入的变化，第 5 列是各国产业层面净福利的变化。

表 6 - 6           有关国家在行业层面福利的变化          单位：亿美元

| 国家 | A 生产者剩余 | B 消费者剩余 | C 关税变化 | D = A + B + C 净福利变化 |
|---|---|---|---|---|
| 中国 | 22.86 | -21.37 | -0.29 | 1.20 |
| 日本 | -8.14 | 27.80 | -27.23 | -7.57 |
| 韩国 | 0.71 | 0.95 | -2.08 | -0.42 |
| 东盟 | -27.15 | 54.11 | -40.86 | -13.90 |
| 澳大利亚 | 5.54 | -1.78 | -1.28 | 2.47 |

| 国家 | A<br>生产者剩余 | B<br>消费者剩余 | C<br>关税变化 | D = A + B + C<br>净福利变化 |
|---|---|---|---|---|
| 新西兰 | - 2.31 | 2.23 | - 0.34 | - 0.42 |
| 欧盟 | - 5.81 | 4.80 | - 0.32 | - 1.33 |
| 美国 | - 0.68 | 0.43 | - 0.11 | - 0.36 |
| 加拿大 | - 0.26 | 0.38 | 0.03 | 0.15 |
| 俄罗斯 | - 7.04 | 5.06 | - 2.01 | - 3.99 |
| 其余国家 | 22.86 | - 21.37 | - 0.29 | 1.20 |

资料来源：作者根据 GSIM 模型模拟得出。

### 1. RCEP 建立对中国的福利影响

表 6 - 6 中第 3 行中的数据表明，RCEP 的建立将导致中国农产品生产者福利每年增加大约 22.86 亿美元，其中的原因在于，日本、东盟、韩国等均是中国农产品的主要出口地，这些国家市场进入壁垒的大幅下降必然导致中国农产品出口的大幅增加，从而促进我国农产品生产者的福利增加。因此，RCEP 的建立将有利于我国农业生产者的福利增加。但同时我们需要看到，由于农产品出口增加（见表 6 - 4）、农产品价格上涨（见表 6 - 5），中国农产品消费者的福利每年损失大约 21.37 亿美元。另外，RCEP 建立将减免成员农产品关税，中国政府减少的关税收入高达 0.29 亿美元。[①] 由于签订自由贸易协定对某国净福利的影响大小等于该国生产者剩余、消费者剩余、关税变化三项加总，因此，综合来看，中国社会净福利每年增加大约 1.20 亿美元。根据 GSIM 模拟结果显示，虽然 RCEP 建立后短期内对消费者的福利产生不利影响，但可以促进我国农产品的生产与出口，优化资源配置，增加生产者的效益和社会总福利。

### 2. RCEP 建立对其他成员的福利影响

从表 6 - 6 可以看出，RCEP 建立对不同成员的福利影响并不相同。从社会净福利来看，出现了两种不同的情况：第一种情况，澳大利亚和新西兰等农产品对外依赖度比较大的国家，生产者剩余以及社会净福利将得到大幅增加。以澳大利亚为例，其生产者剩余每年大约会增加 12.3 亿美元，社会净福利也将增加大约 9.2 亿美元。其中的解释是，当 RCEP 成员之间

①　中国农产品进口关税下降额度有限的原因在于，关税下降的同时，农产品的进口量也会增加，二者综合作用导致我国关税收入的变化有限。

取消农产品关税后，非 RCEP 成员的农产品因为较高关税导致对 RCEP 成员的出口受阻，从而 RCEP 成员对新西兰和澳大利亚农产品的需求增加，使这两国的农产品生产者获益。虽然这两个国家的农产品因出口增加后国内市场价格上升，消费者福利受到一定程度的损失，但总体而言，这两国的社会净福利水平都会出现较大程度的上升。因此，从社会净福利指标来看，澳大利亚和新西兰将是 RCEP 的最大受益者。

而对日本和东盟来说，RCEP 带来的社会净福利为负，其中东盟 10 国的社会净福利损失最大，每年达到 13.9 亿美元，日本的社会净福利损失每年大约为 7.57 亿美元。可能的经济学解释是，日本和东盟对农业的保护程度较高，加上这两个国家或地区国内的农业规模相对较小，RCEP 的建立将对这两个国家或地区的农业生产冲击较大。另外，从模拟结果可以发现，这两个国家或地区的关税收入大幅减少也是导致社会净福利为负的重要原因。从社会净福利来看，东盟 10 国与日本将是 RCEP 建立的最大损失者。

**3. RCEP 建立对非成员的福利影响**

从表 6 - 6 还可以看出，RCEP 对欧盟、美国、加拿大等非成员的福利影响比较一致：生产者福利受损、消费者福利增加，但消费者的获益不足以弥补生产者的福利损失和国家关税的损失，社会净福利为负。以美国为例，其生产者剩余每年大约减少 5.81 亿美元，但消费者的福利每年大约增加 4.8 亿美元，政府的关税收入大约增加 0.32 亿美元，社会净福利每年减少大约 1.33 亿美元。需要指出的是，RCEP 的建立对欧盟、美国、加拿大、俄罗斯以外的"其余国家"的影响比较大。这些"其余国家"农产品生产者福利每年大约减少 7 亿美元，尽管消费者福利每年增加近 5.1 亿美元，但净福利损失每年达近 4 亿美元。这表明，RCEP 的建立还是具有一定程度的负外部性。

总体上看，RCEP 建立后对成员以及非成员社会净福利的影响比较有限。其中主要原因有二：其一，部分 RCEP 成员之间已经签署了双边的自由贸易协定；其二，本章只考察了成员间关税减免的福利影响，并没有考虑到贸易便利化等非关税壁垒下降的影响。

# 6.5　主要结论

如何从全球视角客观、准确、全面地评估 FTA 在行业层面对特定产品生产、贸易与消费的影响，具有重要的理论与现实意义。为此，本章在弗朗索瓦和霍尔（2003）构建的可计算局部均衡模型的基础上，构建具有垄断竞争特征的可计算局部均衡模型，从行业层面揭示了 FTA 影响特定产品生产、价格、贸易与消费、生产者剩余、消费者剩余以及政府税收收入的内在机理；然后基于 2015 年全球农产品生产、贸易的相关数据，利用可计算局部均衡模型从行业层面模拟分析了 RCEP 建立后对全球农产品生产、贸易、价格、生产者剩余与消费者剩余的影响大小。

本章实证研究得出以下主要结论：第一，RCEP 建立后对成员之间的农产品贸易具有显著的促进作用，或者说 RCEP 对成员之间农产品具有显著的贸易创造效应，尤其对日本、东盟这些对农产品保护程度较高的国家来说，贸易创造效应更加显著；第二，由于农产品缺乏需求弹性，因此，除澳大利亚与新西兰外，RCEP 建立后对其他成员以及非成员农产品的产出和价格的影响比较有限；第三，RCEP 对成员的福利影响差异比较大，从社会净福利指标来看，澳大利亚和新西兰将是最大的受益者，而东盟和日本社会净福利的损失较大。

## 附录：

附表6-1 所选国家间农产品需求价格弹性参数

| 进口国<br>出口国 | 中国 | 日本 | 韩国 | 东盟 | 澳大<br>利亚 | 新西兰 | 欧盟 | 美国 | 加拿大 | 俄罗斯 | 其余<br>国家 |
|---|---|---|---|---|---|---|---|---|---|---|---|
| 中国 | -1.213 | -5.876 | -6.084 | -6.475 | -6.274 | -6.412 | -6.343 | -6.420 | -6.363 | -6.339 | -6.399 |
| 日本 | -6.497 | -3.776 | -6.462 | -6.485 | -6.481 | -6.489 | -6.495 | -6.492 | -6.491 | -6.498 | -6.490 |
| 韩国 | -6.495 | -6.420 | -3.633 | -6.485 | -6.477 | -6.460 | -6.494 | -6.493 | -6.490 | -6.491 | -6.496 |
| 东盟 | -6.457 | -6.071 | -6.256 | -2.022 | -6.243 | -5.804 | -6.213 | -6.371 | -6.307 | -6.420 | -6.412 |
| 澳大<br>利亚 | -6.481 | -6.331 | -6.308 | -6.359 | -3.286 | -5.831 | -6.478 | -6.460 | -6.451 | -6.494 | -6.461 |
| 新西兰 | -6.481 | -6.432 | -6.461 | -6.444 | -5.972 | -3.069 | -6.432 | -6.473 | -6.457 | -6.492 | -6.472 |
| 欧盟 | -6.465 | -6.198 | -6.198 | -6.368 | -5.803 | -6.228 | -3.985 | -6.392 | -6.222 | -5.665 | -6.114 |
| 美国 | -6.453 | -5.792 | -5.670 | -6.344 | -6.105 | -6.244 | -6.258 | -1.744 | -3.530 | -6.486 | -6.270 |
| 加拿大 | -6.489 | -6.371 | -6.466 | -6.470 | -6.447 | -6.458 | -6.425 | -6.347 | -5.250 | -6.497 | -6.467 |
| 俄罗斯 | -6.493 | -6.481 | -6.322 | -6.498 | -6.500 | -6.500 | -6.447 | -6.500 | -6.499 | -2.931 | -6.455 |
| 其余<br>国家 | -6.418 | -5.871 | -5.763 | -6.126 | -6.048 | -6.107 | -4.109 | -5.920 | -5.565 | -5.659 | -2.332 |

资料来源：作者由 GSIM 模型校准得出。

附表6-2 所选国家间农产品交叉价格弹性参数

| 进口国<br>出口国 | 中国 | 日本 | 韩国 | 东盟 | 澳大<br>利亚 | 新西兰 | 欧盟 | 美国 | 加拿大 | 俄罗斯 | 其余<br>国家 |
|---|---|---|---|---|---|---|---|---|---|---|---|
| 中国 | 5.287 | 0.624 | 0.416 | 0.025 | 0.226 | 0.088 | 0.157 | 0.080 | 0.137 | 0.161 | 0.101 |
| 日本 | 0.003 | 2.724 | 0.038 | 0.015 | 0.019 | 0.011 | 0.005 | 0.008 | 0.009 | 0.002 | 0.010 |
| 韩国 | 0.005 | 0.080 | 2.867 | 0.015 | 0.023 | 0.040 | 0.006 | 0.007 | 0.010 | 0.009 | 0.004 |
| 东盟 | 0.043 | 0.429 | 0.244 | 4.478 | 0.257 | 0.696 | 0.287 | 0.129 | 0.193 | 0.080 | 0.088 |
| 澳大利亚 | 0.019 | 0.169 | 0.192 | 0.141 | 3.214 | 0.669 | 0.022 | 0.040 | 0.049 | 0.006 | 0.039 |
| 新西兰 | 0.019 | 0.068 | 0.039 | 0.056 | 0.528 | 3.431 | 0.068 | 0.027 | 0.043 | 0.008 | 0.028 |
| 欧盟 | 0.035 | 0.302 | 0.302 | 0.132 | 0.697 | 0.272 | 2.515 | 0.108 | 0.278 | 0.835 | 0.386 |
| 美国 | 0.047 | 0.708 | 0.830 | 0.156 | 0.395 | 0.256 | 0.242 | 4.756 | 2.970 | 0.014 | 0.230 |
| 加拿大 | 0.011 | 0.129 | 0.034 | 0.030 | 0.053 | 0.042 | 0.075 | 0.153 | 1.250 | 0.003 | 0.033 |
| 俄罗斯 | 0.007 | 0.019 | 0.178 | 0.002 | 0.000 | 0.000 | 0.053 | 0.000 | 0.001 | 3.569 | 0.045 |
| 其余国家 | 0.082 | 0.629 | 0.737 | 0.374 | 0.452 | 0.393 | 2.391 | 0.580 | 0.935 | 0.841 | 4.168 |

资料来源：作者由 GSIM 模型模拟得出。

# 第7章　FTA 产业损害测度与预警

关于 FTA 的经济与福利影响，国内外已有相关文献往往关注的是其积极的影响，而关于其对成员经济潜在的负面影响，深入系统地研究比较鲜见。事实上，FTA 框架下的关税减免虽然可以促进成员之间的贸易，但也为成员企业在对方市场倾销提供了方便。因此，如何客观准确地测度 FTA 对成员有关产业的冲击与损害，未雨绸缪地进行预防，做到趋利避害，具有重要的理论与现实意义。

本章将首先对 COMPAS 模型的基本原理和分析框架进行简要介绍，在此基础上，重点就倾销行为如何通过价格机制影响我国进口竞争行业的产出、价格以及收益进行理论分析。然后根据 2001 年我国进口铜版纸倾销案的有关数据，利用 COMPAS 模型就进口铜版纸的倾销行为对我国铜版纸行业的损害情况进行实证评估。① 本章的主要贡献在于：第一，在 COMPAS 模型的基础上，本章从经济学角度就倾销行为对我国产业损害的内在机理进行了深入的理论分析，在作者收集的文献中，还没有文献对此进行专门研究，本章的研究希望能够弥补这一空白；第二，根据铜版纸反倾销案的有关数据，本章首次从产业层面上实证分析了进口倾销行为对我国相关产业的损害情况。

本章结构如下：第二部分是国内外已有产业损害认定方法与相关文献的综述，第三部分在 COMPAS 模型的基础上对进口倾销行为的产业损害进行理论分析，第四部分是相关数据收集以及一些重要参数的估算，第五部分利用 COMPAS 模型对 2001 年进口铜版纸倾销行为对我国铜版纸行业的损害情况进行实证评估，第六部分是结论。

---

① 由于这是我国加入 WTO 以后的第一起反倾销立案，有人称之为"入世第一案"，引起了国内外的广泛关注。

## 7.1 中国的《反倾销法》

我国自 2002 年 1 月正式成为世界贸易组织（WTO）的成员后，根据加入 WTO 时签署的有关协议，已大幅降低了进口关税水平，取消了进口配额等非关税壁垒，市场对外开放的深度与广度空前增加。[①] 与此同时，随着我国关税、非关税贸易壁垒的大幅降低，越来越多的外国企业和产品开始涌入中国市场，国内外企业之间的竞争日趋激烈。一些国外企业为了占领庞大的中国市场，不惜采取倾销等不正当的贸易手段，对我国进口竞争行业造成了不同程度的冲击。在对外开放市场的同时，如何维护我国产业的安全，引起了社会各界的关注。反倾销为 WTO 所许可的维护公平贸易的手段之一。从 20 世纪 80 年代开始，反倾销逐渐由维护公平贸易的手段演变成为世界各国使用最频繁的贸易救济措施。我国作为一个进口大国和最大的发展中国家，反倾销措施在维护产业安全、促进产业发展方面的作用更是不容忽视。为此，我国在 1997 年颁布了《反倾销和反补贴条例》，2011~2020 年，我国对进口产品共启动反倾销调查 108 起[②]，可以预见，在未来很长一段时期内，反倾销措施都将成为我国维护公平贸易的重要手段。

不过，根据 WTO《反倾销协议》有关条款的规定，各成员采取反倾销措施时需要满足三个基本条件：倾销的事实、实质性损害以及二者之间的因果关系。但是，关于什么是"实质性的损害"（material injury）以及如何评估产业损害，WTO《反倾销协议》并没有具体的定义和统一的标准，导致各国衡量产业损害的指标和方法存在较大差异，常常引起争论与冲突（Krishna，1997）。具体到我国，商务部等政府部门对产业安全问题非常重视，商务部专门建立了产业安全数据库，但是目前我国产业安全局主要是采用指标体系法来评估产业损害的情况，即通过对相关企业进行抽样问卷调查，然后根据行业产出、收益等多项指标的变化来确定损害的大小，这是一种比较粗略的评估方法，调查结果易受调查者以及调查对象主

---

① 仅在 5 年过渡期内，我国平均关税水平已由加入 WTO 时的 15.3% 降低到 9.9%，降幅高达 34%。资料来源：上海 WTO 事务咨询中心．"中国加入世贸组织五周年：回顾与展望"［R］，国际研讨会，2006.9.6.

② 查贵勇．2020 年我国对进口产品实施贸易救济情况评述［J］．中国海关，2021（4）

观因素的干扰。为了减少指标体系法中主观因素的干扰，国内少数学者也尝试利用层次分析法、模糊理论、神经网络等工具来探讨损害程度的测度问题。但是这些测度损害程度的方法存在一些共同的缺陷：第一，由于缺乏必要的经济理论基础，不能有效地区分倾销因素与非倾销因素对相关产业的影响，从而大大降低了测度结果的准确性；其次，这些只是损害程度测量方法，而没有解决因果关系的认定问题；况且，将损害测度与因果关系认定分离开来会增加损害调查工作的难度。因此，这些方法的实用价值并不是很大。如何利用有限的数据资源，建立一个具有客观性、准确性、时效性以及可操作性的产业损害认定方法和体系，成为我国政府部门和学术界共同面临的一个非常紧迫的课题，具有重要的理论与现实意义。

产业损害认定中存在两个难点问题：一是产业损害程度的测度，二是产业损害与倾销行为之间的因果关系认定。弗朗索瓦和霍尔（1993，1997）提出并发展的 COMPAS 模型很好地解决了产业损害调查中的这两个难题。COMPAS 模型在假设其他条件保持不变的前提下，将倾销等非公平贸易行为转为进口产品的价格变化，然后利用微观经济学中的供需理论，深入揭示了非公平贸易对产业产出、收益以及消费者福利等经济指标的影响机理。因此 COMPAS 模型可以同时解决产业损害中的因果关系确定和损害程度评估问题，克服了已有方法缺乏经济理论基础的不足，而且有操作简便的计算软件支持。COMPAS 模型现在已经被美国、加拿大等发达国家以及印度等发展中国家用来进行反倾销的产业损害认定。

## 7.2 产业损害认定的方法及国内外相关文献综述

根据 WTO《反倾销协议》的规定，各成员的政府部门在实施反倾销措施前必须进行产业损害调查（injury investigation），又称产业损害认定（injury test）。具体来说，产业损害认定应该包括两个主要方面：一是本国进口竞争产业是否遭受实质性损害或存在实质性损害的威胁；二是这种实质性损害与倾销行为之间是否存在因果关系。因此，产业损害认定必须解决两个关键问题：产业损害程度的测度与因果关系的检验。

从 20 世纪 80 年代中后期开始，随着全球范围内反倾销案例的开始快速增加，反倾销问题也逐渐引起不少国家学术界和政府的重视，国外一些学者与政府机构也提出了一些不同的产业损害认定方法。根据分析思路和实施步骤的不同，Oykes（1996）将产业损害认定方法分成两大类：非经济学的方法（non-economic approach）和经济学的分析方法（economic approach）。非经济学产业损害认定方法的基本思路是，将产业损害认定分开成两个不同的问题：首先调查本国产业是否受到实质性的损害；然后确定产业损害是否由倾销等非公平贸易所引起，根据这种方法，产业损害认定也分成先后不同的两个步骤进行。鉴于此，也有学者将这种分析方法称作两分法或两阶段法（Kelly and Morkre，2006）。而产业损害分析的经济学方法的基本原理是：根据微观经济学中的价格理论，再结合供需价格弹性等概念，考察进口产品的价格变化如何影响进出口国相关产业的产出、价格以及收益等指标。①

非经济学的分析方法是较早被采用的一种确定产业损害的方法。在 20 世纪 90 年代以前，美国国际贸易委员会（USITC）在进行产业损害调查时就主要采用这种方法，而我国目前也主要采用这种方法进行产业损害调查。根据在产业损害测度方法的不同，凯利和莫克雷（Kelly and Morkre，2006）进一步将这种方法发展成指标体系法和计量分析法。WTO《反倾销协议》就产业损害的确定列举了产出、价格、利润等 15 个考察指标，各成员调查机构利用这 15 个指标来考察本国（或地区）产业的损害情况。但是，对于如何利用这些指标以及使用何种方法进行产业损害测度，协议并没有给出具体说明。如美国国际贸易委员会过去在利用这种方法时，往往是由 7 名委员会成员根据申请企业呈报的资料来确定是否存在实质性损害以及损害的程度，因此这种方法的调查结果带有很大的主观性，而且这种方法对损害与倾销之间的因果关系没有进行严格的论证（Oykes，1996）。为了克服指标体系法的弊端，使评估结果更加客观性，格罗斯曼（Grossman，1986）、平迪克和诺特博格（Pindyk and Rotemberg，1987）以及凯利（Kelly，1988）相继构建了一些计量模型来估计产业损害的程度和因果关系检验。格罗斯曼（1986）最先利用计量方法来分析产业损害问题，作者将度量产业损害的某个指标（如本国产业的产出）看作是进口价格、原材料的价格以及代表整体经济状况的宏观指标（如 GDP）的函数，然后利用美国钢铁行业的有关数据进行回归分析，以度量不同因素对美国钢铁行业的影响大小。采用类似的计量模型，平迪克和诺特博格（1987）则以美国铜业为例进行了实证分析，并利用计量经济学中的 Granger 因果

① 由于这种方法的基本思路是，分别考察没有倾销行为的情况（假设）下与存在倾销行为的情况下本国产业的经营状况，然后将两种状况进行比较，以确定倾销行为的损害程度，因此，这种方法也被称作比较分析法或假设法。

检验模型分析了产业损害中的因果关系。凯利（1988）则构建了一个更加简化的计量模型，直接考察本国产品与进口产品的价量之间的变化来度量损害的程度。

埃尔文（Irwin，2003）认为，非经济学的产业损害认定方法存在两个主要弊端：一是，由于缺乏经济学理论基础，这种方法不能区分倾销行为、非倾销行为以及进口国宏观经济环境变化等因素对进口国产业的影响，因此很难准确度量倾销对产业的损害程度；[①] 二是，这种方法将损害测度与因果关系检验分开进行，增加了认定过程的工作量，使其实用性大打折扣。鉴于非经济学损害认定方法的种种弊端，在 20 世纪 80 年代，美国国际贸易委员会（USITC）的一些专家和学者根据微观经济学中的价格和供需理论，率先提出了"本国产业状况的比较分析模型"，简称 CAD-IC 模型，但是这种模型不论在理论结构或实际操作等方面均存在一些不足。为此，弗朗索瓦和霍尔（1993）在 Armington 模型的基础上，结合微观经济学的价格理论提出了 COMPAS 模型，全称是"商业贸易政策分析系统（Commercial Policy Analysis System）"。这是一种局部均衡模型，通过考察某个市场的均衡来分析产业层面上贸易政策的变化对进出口国相关产业的影响，目前弗朗索瓦和霍尔（1997，2003）、Francois（2007）等已经将 COMPAS 模型扩展到可以同时分析多个市场均衡的 GSIM 模型（Global Simulation Model）。

由于 COMPAS 模型可以从产业层面上来分析倾销、反倾销、补贴、反补贴等对进出口国产业的产出、价格、收益等多方面的影响，同基于一般均衡的实证分析模型比如著名的 GTAP 模型相比，COMPAS 模型只考虑开放环境下某个特定行业的市场出清，从而使所需的变量、数据以及求解方程个数大大减少，这就增加了模型的实用性、灵活性和透明性（Francois and Hall，2003），而且具有操作简便的计算软件的（Excel Solver）支持，因此，目前已经被美国、加拿大以及不少发展中国家和地区用来分析反倾销案件中的产业损害认定问题。例如美国国际贸易委员会（USITC，1999）就利用 COMPAS 模型评估美国的进口配额措施对巴基斯坦 14 个不同制造业的影响。荣格（Jung，2004）对 COMPAS 模型的理论假设与分析框架有一个比较完整的阐述，并用来实证分析了北美自由贸易区（NAFTA）

---

① 作者以美国热卷钢反倾销调查为例指出非经济学分析方法的不足。在 1996～1998 年期间，美国热卷钢的进口量大幅增加，但是由于美国市场需求旺盛，美国热卷钢行业的产量并没有下降，因此，如果以行业产出作为衡量损害的指标，则很难作出准确的判断。

对美国番茄行业的影响。

近年来，国内少数学者也对反倾销中产业损害问题进行了一些有益的探讨，并提出了一些测度产业损害的方法，但研究的侧重点是非经济学分析方法中的指标体系法。早在 2001 年，以清华大学于永达为组长的"中国产业损害标准计算方法"课题组就提出了基于层次分析法（AHP）的产业损害测度方法。何海燕（2003），常明、何海燕（2007）等探讨了反倾销中产业损害测算指标体系构建问题；姜国庆、凡刚领（2004）利用相关矩阵等方法研究了如何克服指标体系中不同指标之间的相关性问题，增加了指标体系法的客观性，王明明、隋伟莹（2004），寇琳（2005）等尝试了利用多层模糊综合评判方法来建立判定产业损害及损害程度的模型。王明明等（2003）还利用一个寡占竞争模型对倾销与损害的因果关系问题进行了理论分析。但是，关于产业损害的经济学分析方法，除了栾信杰（2007）做了一个简要的介绍之外，到目前为止还没有文献进行比较深入的研究。显然，与国外相比，国内对反倾销损害认定问题的研究还处于一种比较浅显的水平，提出的一些损害测度方法如层次分析法、模糊判断法以及神经网络等方法都不能有效地区分倾销因素与非倾销因素的影响，也不能解决产业损害调查中的因果关系认定问题。

## 7.3  倾销行为产业损害的理论分析

我们首先在 COMPAS 模型的基础上，就倾销行为对我国进口竞争产业可能的影响进行理论分析。COMPAS 模型属于局部均衡模型，其基本原理是，首先是将各种贸易政策或行为转化为价格变化，然后利用微观经济学中的价格理论，将贸易政策（行为）变化前后某个特定产业的价格、产出等指标进行比较，以评估贸易政策（行为）的变动对有关产业的影响。不过，在进行正式的理论分析之前，我们先利用图示就倾销行为可能的经济效应进行一个直观的考察。

### 7.3.1  倾销行为经济效应比较静态分析

倾销行为对进口国的生产者和消费者的影响是不同的，一般来说，进口倾销将使进口国生产同类产品的行业受损，但是，价廉物美的进口产品往往会使进口国消费者获益。国外不少实证研究也证明了这一点。由于倾销行为实质上是进口产品供给的变化，这种变化通过进口国的市场进而影响进口竞争企业和消费者的行为。图 7 - 1 可以帮助我们从直观上来考察倾销行为的经济效应。

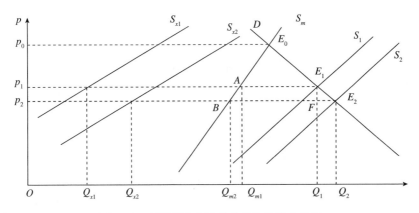

**图 7 - 1　倾销行为经济效应的比较静态分析**

图 7 - 1 中，曲线 $D$ 表示进口国对某产品总的需求，曲线 $S_m$ 代表本国产品的供给，$S_{x1}$ 表示没有倾销行为时进口产品的供给，$S_{x2}$ 表示存在倾销行为时进口产品的供给，$S_1$ 和 $S_2$ 分别表示这两种情况下进口国市场上总的供给。从图 7 - 1 可以看出，当国外企业进行倾销时，将使进口供给曲线由 $S_{x1}$ 右移至 $S_{x2}$，进口国市场总供给曲线也从 $S_1$ 右移至 $S_2$，从而使进口国市场上均衡价格由 $p_1$ 下降到 $p_2$，这就是倾销行为最直接的经济效应。

从图 7 - 1 我们还可以进一步考察倾销行为对进口国生产者、消费者以及出口企业的不同影响。首先来看倾销行为对市场供给量的影响。当国内市场均衡价格从 $p_1$ 下降到 $p_2$ 后，市场供给量将由原来的 $OQ_1$ 增加至 $OQ_2$，因此，市场总的供给量增加。但是，国产品的供给量却由原来的 $OQ_{m1}$ 减少至 $OQ_{m2}$，净减少了 $Q_{m2}Q_{m1}$，而倾销使进口产品的供给量由原来的 $OQ_{x1}$ 增加到 $OQ_{x2}$，净增加了 $Q_{x1}Q_{x2}$。[①] 其次来考察倾销行为的福利效应。图 7 - 1 表明，进口倾销不仅使市场均价格下降以及本国产品的市场份额减少，而且导致进口国生产同类产品的生产者剩余有所减少，净减少量等于四边形 $p_1p_2BA$ 的面积。从图 7 - 1 可以看出，进口倾销行为使国内消费者获益，消费者剩余增加量等于四边形 $p_1p_2E_2E_1$ 的面积。同时，图 7 - 1 还表明，进口倾销行为对倾销企业本身的福利也有影响，但是具

---

①　由于总供给等于国内供给与进口供给的水平加总，因此在图 7 - 1 中，有 $OQ_{x1} = Q_{m1}Q_1$，$OQ_{x2} = Q_{m2}Q_2$，同样，$Q_{x1}Q_{x2} = Q_{m2}Q_{m1} + Q_1Q_2$。

体影响要视其供给弹性的大小而定，当供给弹性较大时，倾销行为将可能使倾销企业的生产者剩余增加。

以上我们通过图 7-1 对进口倾销行为的经济效应进行了一个直观的考察，直观分析表明，倾销行为对进口竞争企业、消费者以及出口企业的影响是不同的，而且，影响的大小与总需求的弹性以及国内外供给的弹性大小都有直接关系。下面我们利用局部均衡的 COMPAS 模型来对倾销行为经济效应的内在机制与理论原理进行深入分析。

### 7.3.2　COMPAS 模型的理论框架

COMPAS 模型的理论基础主要有两个：第一，不同国家或地区的产品因为产地不同而存在不完全的替代关系，即著名的 Armington 假设（Armington，1969a；1969b）；第二，微观经济学中的需求与价格理论。COMPAS 模型可以用来分析倾销、反倾销、补贴、反补贴等众多的贸易活动或政策对有关行业的影响，但是，基本的分析思路是类似的。以分析倾销行为产业损害为例，模型分析的基本思路是：假设宏观经济环境、消费者偏好等因素不变的前提下，首先，计算得出所考察的行业在基期的产出、市场份额、价格弹性、替代弹性等指标的数据；其次，通过模型模拟得出在考察期内，当没有倾销行为时该行业的产出、就业、收益等指标的数值；最后，将考察期内这些指标的实际值与模型模拟得出的数值进行比较，从而得出倾销行为对所考察行业的影响。COMPAS 模型的基本假设如下：[①]

（1）汇率、利率、经济增长等宏观经济环境均保持不变；

（2）本国同类产品的市场结构为完全竞争；

（3）本国同类产品与进口产品为不完全替代；

（4）本国同类产品的供给仅受自身市场价格的影响；

（5）本国对本国同类产品的需求是进口产品的价格与其自身价格的函数；

（6）本国对进口产品的需求是该进口产品在本国市场上的价格与本国同类产品价格的函数。

设某国的消费者同时消费进口产品（M）和本国的产品（D），由于 Armington 模型假设不同国家产品之间的替代率保持不变，因此，模型采用以下形式的 CES 函数来表示消费者的效用函数：

---

① 其中假设条件（1）可以排除非倾销因素对所考察行业的影响，从而增加模型估计的准确性。

$$Q = \phi(M, D) = \left[\delta M^{-\rho} + (1 - \delta) D^{-\rho}\right]^{-\frac{1}{\rho}} \qquad (7-1)$$

式（7-1）中，$Q$ 为消费者的总效用，也可以看作是进口产品（M）和本国产品（D）的复合产品，$\delta$ 和 $\rho$ 为固定参数。根据消费者效用理论，当产品之间的边际替代率等于它们的价格之比时，消费者效用到达最大，即有下式成立：

$$\frac{\partial \phi}{\partial M} \bigg/ \frac{\partial \phi}{\partial D} = \frac{\delta}{1 - \delta} \left(\frac{D}{M}\right)^{1+\rho} = \frac{p_M}{p_D} = P \qquad (7-2)$$

式（7-2）中，$p_M$ 和 $p_D$ 分别表示进口产品和本国产品的价格，$P$ 可以看作是市场平均价格水平或复合商品的价格。根据式（7-2）表示的效用最大化的条件，可以解出消费者对进口产品和本国产品的需求：

$$M = D \left(\frac{\delta P_D}{(1 - \delta) P_M}\right)^{\frac{1}{1+\rho}} \qquad (7-3)$$

$$D = M \left(\frac{(1 - \delta) P_M}{\delta P_D}\right)^{\frac{1}{1+\rho}} \qquad (7-4)$$

将式（7-3）代入式（7-1），进一步求出消费者对进口产品的需求 $M$：

$$M = \delta^{-\sigma} Q \left[\delta^{\sigma} + (1 - \delta)^{\sigma} \left(\frac{P_M}{P_D}\right)^{\sigma-1}\right]^{\frac{\sigma}{\sigma-1}} \qquad (7-5)$$

式（7-5）中的 $\sigma = \dfrac{1}{1 + \rho}$，定义为进口产品与本国产品之间的替代弹性。[①] 同样，将式（7-4）代入式（7-1），可以求出消费者对本国产品的需求 $D$：

$$D = (1 - \delta)^{-\sigma} Q \left[(1 - \delta)^{\sigma} + \delta^{\sigma} \left(\frac{P_M}{P_D}\right)^{\sigma-1}\right]^{\frac{\sigma}{\sigma-1}} \qquad (7-6)$$

结合式（7-2）和式（7-5），可以求出市场平均价格为：

$$P = P_M \delta^{-1} M^{\frac{1}{\sigma}} Q^{-\frac{1}{\sigma}} \qquad (7-7)$$

结合式（7-2）和式（7-6），可以求出市场平均价格为：

$$P = P_D (1 - \delta)^{-1} D^{\frac{1}{\sigma}} Q^{-\frac{1}{\sigma}} \qquad (7-8)$$

从而可以用市场平均价格 $P$ 和复合产品 $Q$ 来表示消费者对进口产品的需求 $M$ 和对本国产品的需求 $D$：

---

① COMPAS 模型中本国产品与进口产品之间的替代弹性是指由瓦里安（Varian，1992）最先定义的弹性概念，即 $\sigma = \dfrac{d\ln(M/D)}{d\ln(P_M/P_D)} = \dfrac{1}{1 + \rho}$。

$$M = \delta^{\sigma} Q \left( \frac{P_M}{P} \right)^{-\sigma} \qquad (7-9)$$

$$D = (1-\delta)^{\sigma} Q \left( \frac{P_D}{P} \right)^{-\sigma} \qquad (7-10)$$

由式（7-10）可以求得进口产品价格 $p_M$ 的变动对本国产品需求 $D$ 的影响：

$$\frac{\partial D}{\partial P_M} = \frac{D}{P} (\sigma - \varepsilon_Q) \delta^{\sigma} \left( \frac{P}{P_M} \right)^{\sigma} \qquad (7-11)$$

式（7-11）中的 $\varepsilon_Q$ 为复合产品的需求价格弹性。式（7-11）表明进口产品的价格变动如何影响消费者对本国产品的需求。对本国产品而言，其需求由其自身的价格 $p_D$ 和进口产品的价格 $p_M$ 共同决定，其供给则由其自身价格 $p_D$ 决定，即：

$$D = D(p_D, p_M) \quad S = S(p_D) \qquad (7-12)$$

将式（7-12）全微分，并整理得到：

$$\frac{\partial p_D}{\partial p_M} = \frac{\partial D / \partial p_M}{\partial S / \partial p_D - \partial D / \partial p_D} \qquad (7-13)$$

式（7-13）表示，当进口产品的价格因关税或其他原因变动时，本国产品的价格如何变动。再将式（7-11）代入式（7-13），两边同时乘以 $p_M / p_D$，化简后得到：

$$E = \frac{\partial p_D}{\partial p_M} \frac{p_M}{p_D} = \frac{(\sigma - \varepsilon_Q) \delta^{\sigma} \left( \frac{P}{p_M} \right)^{\sigma-1}}{(\varphi_D + \sigma) - (\sigma - \varepsilon_Q)(1-\delta)^{\sigma} \left( \frac{P}{p_D} \right)^{\sigma-1}} \qquad (7-14)$$

式（7-14）中，$\varphi_D$ 为本国产品的供给弹性，$E$ 表示本国产品价格相对进口产品价格变动的反应弹性，即进口产品的价格因为关税或其他原因发生变动时，本国产品价格的相对变动情况。我们进一步考察当进口产品价格变动时，本国产品以及进口产品市场份额的变动情况。由于消费者对复合产品的总支出等于进口产品与本国产品的支出总和，即：

$$PQ = p_M M + p_D D \qquad (7-15)$$

因此，进口产品的市场份额为：

$$w_M = \frac{p_M M}{PQ} = \delta^{\sigma} \left( \frac{P}{p_M} \right)^{\sigma-1} \qquad (7-16)$$

然后将式（7-17）代入式（7-15），得到本国产品的价格反应弹性为：

$$E = \frac{(\sigma - \varepsilon_Q) w_M}{(\varphi_D + \sigma) - (\sigma - \varepsilon_Q) w_D} = \frac{(\sigma - \varepsilon_Q) w_M}{\varphi_D + \varepsilon_Q + (\sigma - \varepsilon_Q) w_D} \qquad (7-17)$$

式（7-17）中 $w_D = (p_D D / PQ) = (1 - w_M)$ ，表示本国产品的市场份额。将式（7-17）化简得到：

$$E = \frac{\varepsilon_{DM}}{\varphi_D + \varepsilon_Q + \varepsilon_{DM}} \qquad (7-18)$$

式（7-17）中的 $\varepsilon_{DM}$ 为本国产品的需求相对进口产品价格的交叉弹性。以上是 COMPAS 模型基本的理论框架，通过介绍，我们可以发现，COMPAS 模型基本思想就是将某个特定产业层面的贸易政策或行为的变化转化为价格变化，然后利用价格机制来讨论政策变化前后有关指标的相对变化情况。下面我们以倾销行为为例，来说明如何利用 COMPAS 模型来评估产业损害的情况。

### 7.3.3 倾销行为对进口国相关产业的损害

由于倾销行为（尤其是价格倾销）的主要特征就是在出口目的国市场上的定价低于在本国市场的定价。因此，COMPAS 模型分析倾销对进出口国产业的影响的基本思路是，先求出没有倾销行为时出口企业的最优定价（不妨令其为 $p_I$），再求出存在倾销行为时出口企业的最优定价 $p_M$，根据二者之间的差异可以计算出倾销边际，再结合进出口产品之间的替代弹性等就可以计算出倾销行为的影响大小。[1]

按照经济学中的需求理论，当进口倾销产品在进口国市场低价销售时，将导致进口国消费者对倾销产品的需求增加，而对本国产品的需求减少，最终迫使本国产品的价格下降。[2] 具体来说，倾销行为对进口国同类产品价格的影响[3]：

$$\mathrm{d}\ln p_D = \left(\frac{\mathrm{d}\ln p_D}{\mathrm{d}\ln p_M}\right)\mathrm{d}\ln p_M = \left(\frac{\varepsilon_{DM}}{\varphi_D - \varepsilon_D}\right)\left(\frac{p_M - p_I}{p_I}\right) \qquad (7-19)$$

在式（7-19）中，$\varepsilon_{DM}$ 表示本国产品相对进口产品的交叉价格弹性，$\varphi_D$ 表示本国产品的供给弹性，$\varepsilon_D$ 表示本国产品需求的价格弹性。在一般情形下，由于 $\varepsilon_{DM} > 0$，$\varphi_D > 0$ 以及 $\varepsilon_D < 0$，因此，式（7-19）左边的第一项为正。第二项是进口产品的倾销边际，由于倾销时的售价 $p_M$ 常常低于没有倾销时的售价 $p_I$，所以第二项应该为负。因此在一般情形下，有

---

① 在实际操作时可以根据政府有关部门的调查结果来确定倾销边际的大小。

② 需要指出的是，从理论上来讲，进口产品价格下降对进口国消费者来说具有收入效应，这种收入效应会在一定程度上增加对本国产品的需求，但是，在一般情形下，这种收入效应非常有限。

③ 为了节省篇幅，在此没有给出具体的推导过程。

$d\ln p_D < 0$ 成立，这就得到下面的结论：

结论1：一般情形下，进口产品倾销行为将导致进口国同类产品的价格下降，而且，价格下降的幅度与二者之间的交叉弹性以及倾销边际成正比。

再来考察倾销行为对本国生产同种产品的企业产出的影响。倾销行为对进口国同类产品产出的影响为：

$$d\ln S = \left(\frac{\varepsilon_{DM}\varphi_D}{\varphi_D - \varepsilon_D}\right)\left(\frac{p_M - p_I}{p_I}\right) \qquad (7-20)$$

根据上面的解释，式（7-20）左边的第一项为正，而第二项为负，所以在一般情形下，$d\ln p_S < 0$，因此可以得到本章的第二个结论：

结论2：一般情形下，进口产品倾销行为将导致进口国同类产品的产出下降，而且，产出下降的幅度与二者之间的交叉弹性以及倾销边际成正比。

上面考察了进口产品的倾销行为对本国同类产品的价格以及产出的影响，可以发现，在一般情形下，倾销行为将导致本国产品的价格和产出下降。下面我们考察倾销行为对进口国生产同类产品的行业收益的影响。由于行业收益的变动取决于产品的价格和产出的变动，而且本国产业的收益变动可以表示为：

$$d\ln R = d\ln p_D + dS = \left(\frac{\varepsilon_{DM} + \varepsilon_{DM}\varphi_D}{\varphi_D - \varepsilon_D}\right)\left(\frac{p_M - p_I}{p_I}\right) \qquad (7-21)$$

不难证明，在一般情形下，总有 $d\ln R > 0$，即倾销行为使本国企业的总收益减少。所以得到本章的第三个结论：

结论3：在一般情形下，进口产品的倾销行为将导致进口国生产同类产品的企业的收益减少，而且，收益减少的幅度与二者之间的交叉弹性以及倾销边际成正比。

当然，我们还可以根据模型的基本假设进一步推导倾销行为对消费者的福利以及出口产品（包括倾销与非倾销）的价格、产出以及收益变动情况，但是限于篇幅，且考虑到本章的重点是考察倾销对我国进口竞争企业的损害情况，因此作者省略了这部分内容，尽管这些也是非常重要和有趣的问题。

## 7.4 相关数据收集以及参数估计

前一部分我们从理论上分析了倾销行为如何影响我国进口竞争产业的

产出、价格以及收益等经营状况指标。但由于在不同行业，进口产品与我国同类产品之间的替代弹性以及供需弹性等参数在大小上往往存在很大的差异，甚至同一行业的不同产品之间的这些参数值也相差较大，而从理论分析中可以看出，这些参数值的大小将直接决定产业损害的程度，相同的倾销边际对不同行业的损害程度往往也大不相同。鉴于此，我们在进行产业损害认定时，必须针对不同的行业或产品分别进行。本节我们将以 2002年我国铜版纸反倾销案为例，来具体说明如何利用 COMPAS 模型进行产业损害评估的实证分析。

### 7.4.1　案例选取

2002 年我国铜版纸反倾销案是我国加入 WTO 后的首起反倾销案例，在当时引起了国内外广泛的关注。铜版纸是一种用途较广的高级纸材，从20 世纪 90 年代开始，随着我国经济的快速发展，国内市场对铜版纸的需求也快速增加，但是，当时国内所需的铜版纸要依赖从韩国、日本等国进口，直到 1999 年我国才建立起第一家规模较大的铜版纸企业。2001 年开始，随着我国国产铜版纸企业产能不断扩大、产量不断增加，国外铜版纸企业为了保住在中国的市场份额，纷纷采取低价倾销的策略。其中，韩国出口至中国的铜版纸到岸价（CIF）由 2000 年的平均每吨约 750 美元降至2001 年的每吨约 640 美元，降幅高达 15%。美国和日本的铜版纸出口价也大幅下降。上述国家铜版纸的低价销售对我国铜版纸行业产生了巨大冲击，国产铜版纸价格由 2000 年的 6960 元/吨降到 2001 年的 5739 元/吨，降幅高达 17.5%，行业平均利润同比降低了 37.5%。[①] 2001 年 12 月 29日，江苏金东纸业有限公司等国内几家规模较大的造纸厂代表我国铜版纸产业向原外经贸部正式提交了对原产于韩国、日本、美国和芬兰的进口铜版纸产品（税则号为 48101100 和 48101200）进行反倾销调查的申请书。原外经贸部于 2002 年 2 月 6 日发布立案公告，决定开始对原产于韩国、日本、美国和芬兰的进口铜版纸进行反倾销调查，确定的倾销调查期为2001 年 1 月 1 日至 2001 年 12 月 31 日。2003 年 8 月 6 日，我国商务部公布了对原产于日本、韩国、美国和芬兰的进口铜版纸反倾销产业损害调查的终裁决定，决定自 2003 年 8 月 6 日起，对原产于韩国和日本两国不同

---

① 资料来源：中国造纸协会. 中国造纸年鉴［M］. 中国石化出版社，2001.

企业的进口铜版纸征收 4% －71% 的反倾销税，征收期限为 5 年。①

图 7－2 是 2000 年 1 月～2001 年 12 月期间我国市场上不同来源的铜版纸价格变化情况。在 2000 年中后期之前，进口铜版纸以及国产铜版纸的价格都维持在一个比较稳定的水平，但是从 2000 年下半年开始，尤其是在 2001 年，由于日本、韩国、美国等进口铜版纸的大幅降价，导致国产以及从其他国家进口的非倾销铜版纸的价格都有所下跌。

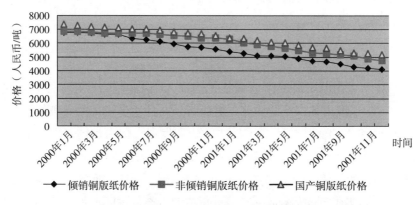

**图 7－2　2000～2001 年我国市场上不同来源铜版纸的价格变化**

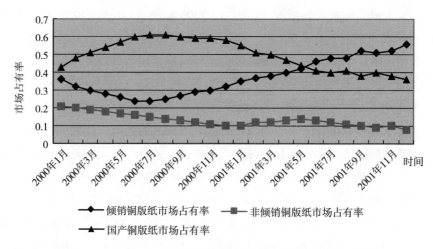

**图 7－3　2000～2001 年我国市场上不同来源的铜版纸市场占有率**

图 7－3 是 2000～2001 年我国市场上不同来源的铜版纸市场占有率变

---

① 由于美国和芬兰的铜版纸占中国同期进口总量的比例较低（分别为 0.8% 和 1.5%），因此在反倾销损害调查过程中被排除在外。

化情况。从图7-3可以看出,至少在2000年上半年之前,由于我国几个大型的铜版纸企业相继建成,国产铜版纸在国内市场上的占有率是不断增加的,而在同期,进口铜版纸在我国市场的占有率却呈下降趋势。这也是为什么从2000年中后期开始,韩国、日本等国的铜版纸企业为了维持在中国市场上的份额,开始采用大幅降价(倾销)的策略。图7-3中不同国家产品的市场占有率曲线的走势也表明,韩国、日本企业的倾销行为确实很有成效,从2000年下半年开始,韩国、日本等国存在倾销行为的企业在我国市场占有率开始不断攀升,与此同时,国产铜版纸市场占有率开始下降,下降幅度在2001年尤为明显,到2001年底,国产铜版纸市场占有率不到40%。图7-3还表明,非倾销的进口铜版纸的市场占有率因为韩国、日本企业的倾销行为而也有所减少。

图7-2和图7-3直观地表明,韩国、日本铜版纸企业在我国的倾销行为对我国铜版纸行业造成了很大的冲击。以我国铜版纸行业代表性企业——晨鸣纸业为例,在2000~2001年期间,公司各项主要盈利指标都明显下降。详细情况见表7-1。

表7-1                    2000~2001年晨鸣纸业经营业绩变化情况

| 主要盈利指标 | 营业收入<br>(万元) | 净利润<br>(万元) | 每股收益<br>(元) | 每股净资产<br>(元) | 净资产<br>收益率(%) |
|---|---|---|---|---|---|
| 2000年 | 241147 | 22731 | 0.501 | 6.20 | 7.95 |
| 2001年 | 240553 | 14200 | 0.285 | 6.31 | 4.47 |

资料来源:作者根据南方证券相关公开数据整理得出。

2002年1月,晨鸣纸业等多家中国铜版纸行业的代表性企业正式向当时的外经贸部就日本、美国、韩国、芬兰等4个国家铜版纸企业的倾销行为提出了反倾销调查申请。根据WTO《反倾销协议》的规定,政府部门在进行反倾销裁决之前,必须进行产业损害调查。需要指出的是,当时的外经贸部在2002年铜版纸反倾销调查中采取发放调查问卷的方法对一些相关企业进行产业损害调查,这种方法不但费时费力,而且容易受到被调查企业主观判断的干扰,调查结果很难被国外涉案企业认同。因此,如何客观准确地评估国外企业倾销行为对我国相关企业或产业损害大小,就显得十分紧迫和重要。下面我们采用COMPAS模型来评估进口铜版纸倾销对我国铜版纸行业的损害情况。

### 7.4.2　COMPAS 模型所需要的参数以及分析的结果

**1. COMPAS 模型所需输入的参数**

COMPAS 模型除了具有完备的经济学理论基础外，它的主要计算过程可以由 Excel Solver 的计算软件来执行。Excel Solver 的工作表格分成两大部分：参数输入部分（inputs）和结果输出部分（results）。

通过上面对模型的介绍可以发现，本国产品与进口产品之间的替代弹性以及它们的供需弹性在模型中发挥关键作用。在运用模型分析之前，必须先得出这些参数的大小，但是，并不是全部的有关参数都需要事前推算出，像进口国对本国产品的需求弹性等参数，可以通过 COMPAS 模型计算得出。下面我们将 COMPAS 模型中所需要输入的关键参数列举如表 7 - 2 所示。

表 7 - 2　　　　　　　　　　　COMPAS 模型所需的参数

| 需输入的参数 | | COMPAS 模型可以计算的参数 | |
| --- | --- | --- | --- |
| 进口国本国产品与进口产品的替代弹性 | $\sigma$ | 进口国对本国产品需求弹性 | $\varepsilon_D$ |
| 进口国本国产品的供给弹性 | $\varphi_D$ | 进口产品的需求弹性 | $\varepsilon_M$ |
| 进口产品的供给弹性 | $\varphi_S$ | 本国产品与进口产品交叉价格弹性 | $\varepsilon_{DM}$ |
| 进口国总的需求价格弹性 | $\varepsilon_Q$ | 进口产品与本国产品交叉价格弹性 | $\varepsilon_{MD}$ |
| 进口国本国产品市场占有率 | $w_D$ | | |
| 进口产品的市场占有率 | $w_M$ | | |
| 倾销边际 | $m$ | | |
| 关税税率 | $t$ | | |
| 运输成本 | $c$ | | |
| 进口国设备利用率 | $r$ | | |

表 7 - 2 列出了 COMPAS 模型所需的一些重要参数，其中在表格左边列举出的这些参数需要根据所研究对象的有关数据，事先计算得出或借用已有的相关研究结果，例如根据本国产品和进口产品数量的时间序列，就可以利用计量回归分析求出二者之间的替代弹性。而表格右边列举的参数则可以由模型本身计算得出。例如本国产品需求相对进口产品价格的交叉价格弹性 $\varepsilon_{DM}$ 就可以由模型本身根据式（7 - 22）求出：

$$\varepsilon_{DM} = (\sigma - \varepsilon_Q) w_M \qquad (7 - 22)$$

同样，还可以推导出表 7 - 2 中左边的其他参数如何用表 7 - 2 中右边的参数来表示，因此表 7 - 2 中左边的参数值的计算都可以由专门为 COM-PAS 模型而设计的 Excel 表格来完成。显然，局部均衡的 COMPAS 模型所需的参数比可计算的一般均衡模型（CGE）所需的参数要少得多。

需要指出的是，倾销边际（dumping margin）是指倾销的价格与没有倾销时的价格的差额，但是由于后者往往是一个虚拟价格，无法利用实际的资料得出，因此，大多数国家在计算倾销边际时常采用进口产品在母国的市场价格减去倾销价格来代替，考虑到政府部分在计算倾销边际时主要是根据倾销产品的离岸价格（FOB）来计算的，但是对进口国市场产生影响的却是进口产品的到岸价格（CIF），因此在 COMPAS 模型中，计算倾销边际时需将政府公布的倾销边际进行如下的调整：

$$m' = \frac{m}{1 + f} \qquad\qquad (7 - 23)$$

式（7 - 23）中的 $m$ 为政府所公布的倾销边际，$f$ 为进口关税与运输成本占进口产品的到岸价格（CIF）的比例。

**2. COMPAS 模型输出的分析结果**

推算得出这些参数值的大小后，只需将这些参数值输入到 Excel Solver 电子表格中，Excel Solver 就可以进行运算并输出对多项指标的分析结果，而且，COMPAS 模型不仅可以分析倾销等贸易行为对进口国相关行业的影响，同时还给出了倾销行为对出口国相关行业的影响。因此，COMPAS 模型的输出结果也包括两大部分：对进口国的影响和对出口国的影响，详细情况见表 7 - 3。

表 7 - 3　　　　　　　COMPAS 模型可以输出的主要估计结果

| 倾销对国内市场的影响 | 倾销对进口市场的影响 |
| --- | --- |
| 进口竞争产品价格的变化 $d\ln p_D$ | 进口产品价格的变化 $d\ln p_M$ |
| 进口竞争产品产出的变化 $d\ln S$ | 进口产品产出的变化 $d\ln S_M$ |
| 进口竞争行业收益的变化 $d\ln p_D + dS$ | 出口企业收益的变化 $d\ln p_M + d\ln S_M$ |
| 进口竞争产品市场份额的变化 | 进口产品市场份额的变化 |
| 进口竞争行业就业人数的变化 | 出口企业就业人数的变化 |

### 7.4.3　数据收集以及参数的估计

COMPAS 模型中必须先行计算与推导的参数包括：本国产品与进口产品的替代弹性、本国产品的供给弹性、国内市场的总需求弹性、本国产品市场占有率、进口产品市场占有率、倾销边际等，而进口国对本国产品的需求弹性等参数则可以由模型推算得出。为了计算上述参数，我们从中国海关数据库收集到1999~2001年中国从世界各国铜版纸（海关税则号为48101100和48101200）进口数量与价格的月度数据。由于COMPAS模型的基础是Armington假设，模型中涉及的弹性参数也是指Armington替代弹性，本章借用佟仓松（2006）提出的估计进口产品Armington替代弹性的方法，估计得到3个主要弹性参数的大小。但是，考虑到弹性参数在COMPAS模型中的重要作用以及弹性参数估计中可能的误差和不确定性，为了增加COMPAS模型估计结果的容错范围，我们在估计得到的Armington替代弹性的基础上引入概率的概念，即将估计得到的Armington替代弹性值作为一个正态分布的均值，然后确定该弹性指标估计值的一个置信区间。例如，根据佟仓松（2006）的方法，我们利用1999~2001年期间我国铜版纸市场上有关数据，回归分析得到我国铜版纸与进口铜版纸之间的替代弹性为6.11。而均值为6.11的正态分布95%的置信区间为［3.85，8.37］，因此，我们将3.85和8.37分别作为该参数的下界和上界。同样的方法可以确定其余几个弹性参数的取值范围。

表7-4　　　　　　　铜版纸反倾销案中涉案国的产品倾销边际

| 国别 | 倾销幅度 |
| --- | --- |
| 韩国 | 31.07% |
| 日本 | 56.52% |
| 美国 | 26.49% |
| 芬兰 | 17.65% |

资料来源：原外经贸部产业损害调查局公布的调查报告。

　　由于我国商务部公布的日本和韩国不同企业的倾销边际并不相同，我们利用进口量大小作为权重，计算出日本和韩国两国企业加权平均的倾销边际。铜版纸进口关税水平来源于中国海关数据库。市场占有率根据2001年（倾销发生的时间）我国铜版纸产量以及进口倾销铜版纸的数量和非倾销铜版纸的数量计算得出。运输成本占到岸价格（CIF）的比例由中国海关统计的离岸价和到岸价的差异估计得到。各个参数取值的具体情况见表7-5。

表 7 – 5　　　　　　　　COMPAS 模型需输入的参数及其取值大小

| 输入参数名称 | 参数值 | 输入参数名称 | 参数值下限 | 参数值上限 |
|---|---|---|---|---|
| 倾销边际 | 41.7 | 本国产品与倾销进口产品的替代弹性 | 3.85 | 8.27 |
| 国产铜版纸市场占有率 | 45.0 | 本国产品与非倾销进口产品的替代弹性 | 3.43 | 7.16 |
| 倾销铜版纸在本国市场上占有率 | 38.0 | 倾销进口产品与非倾销进口产品替代弹性 | 3.14 | 7.52 |
| 铜版纸平均进口关税水平 | 9.0 | 总的需求弹性 | 0.35 | 1.05 |
| 倾销产品运输成本占 C.I.F 价格比例 | 6.0 | 本国同类产品供给弹性 | 1.65 | 3.42 |
| 本国对进口产品的贡献率 | 0.0 | 非倾销产品供给弹性 | 10.00 | + ∞ |
| 国内设备使用率 | 83.0 | 倾销产品供给弹性 | 10.00 | + ∞ |

　　注：由于铜版纸是最终产品，而不是来料加工产品，因此，本国对进口产品的贡献率为 0。

　　资料来源：根据中国海关数据库以及本研究的推算。

　　由于表 7 – 5 右边的参数值都有一个取值区间，因此，可以将这些参数分成 3 组：前 3 个替代弹性为第一组，总需求弹性单独为第二组，后 3 个供给弹性为第三组。并且，在输入 Excel Solver 进行运算时，我们采用这样一种取值方法：同组的参数采用相同的取值方法，即同时取这些参数的下限或上限，这样 3 组参数就共有 8 种不同的取值。再将这些取值同表 7 – 5 左边的参数值一起输入专门用来实施 COMPAS 模型的 Excel Solver 电子表格中，就可以得到 8 种不同的估计结果。

## 7.5　FTA 对我国产业损害的实证评估

　　已有的一些产业损害确定方法都存在一个重大缺陷，即缺乏经济理论基础，不能有效地区分倾销因素与非倾销因素对产业的影响，从而使评估结果的准确性大打折扣。从前面的理论分析中我们可看出，由于具有价格理论等经济理论的支撑，COMPAS 模型很好地克服了已有产业损害评估方法的不足，从而使评估结果更加客观与准确。下面利用 COMPAS 模型对 2001 年铜版纸倾销行为的产业损害倾销进行实证分析。分析的思路是，以 2001 年为考察期，通过比较没有倾销现象和存在倾销现象两种不同的情况下，我国铜版纸行业的产出、价格以及收益等最能反映行业经营状况的指标值的变化情况。将表 7 – 5 中各个参数值输入到 Excel Solver 电子表格中，利用 Excel Solver 可以计算得出铜版纸倾销行为对我国进口竞争企业、消费者以及国外出口企业的影响情况。

### 7.5.1 进口铜版纸倾销对国内铜版纸行业的影响

在反倾销产业损害调查中，考察的重点是倾销行为对国内同类产品的价格、产出以及进口竞争行业的就业等三个指标的影响。表 7 - 6 是 COM-PAS 模型估计得出的 2001 年进口铜版纸倾销行为对我国铜版纸产业的影响情况。

表 7 - 6　2001 年进口铜版纸倾销行为对国内铜版纸行业的影响

|  | 情况 1 | 情况 2 | 情况 3 | 情况 4 | 情况 5 | 情况 6 | 情况 7 | 情况 8 | 平均 |
|---|---|---|---|---|---|---|---|---|---|
| 国产铜版纸价格变化 | - 10.5% | - 8.2% | - 7.3% | - 6.2% | - 14.4% | - 13.2% | - 11.6% | - 11.5% | - 10.3% |
| 国产铜版纸产量变化 | - 16.8% | - 25.3% | - 11.8% | - 19.5% | - 22.6% | - 38.3% | - 18.3% | - 34.2% | - 23.3% |
| 我国铜版纸业收益变化 | - 25.6% | - 31.4% | - 18.2% | - 24.5% | - 33.8% | - 46.4% | - 27.8% | - 41.7% | - 31.2% |
| 我国铜版纸行业设备利用率 | 77.4% | 69.5% | 82.1% | 74.8% | 72.0% | 57.4% | 75.9% | 61.2% | 71.3% |

资料来源：作者根据 COMPAS 模型模拟得出。

由表 7 - 6 可看出，在 8 种不同情况下，由 COMPAS 模型估计得出的我国铜版纸行业的产出、价格以及收益的变动率全都为负，因此整体上看，进口铜版纸的倾销行为对我铜版纸行业造成了很大的冲击，导致国产铜版纸的产出、价格以及收益等多项指标都有大幅下降。具体而言，2001年进口铜版纸的倾销行为使国产铜版纸的价格下降幅度介于 5.4% ~ 12.1%，平均下跌了 8.9%；并导致国产铜版纸的产量下降，降幅介于 9.8% ~ 63.8%，平均减少了 20.3%；同时国内铜版纸行业的收入也大幅下降，降幅在 16.1% ~ 40.5%，平均下降了 27.2%。不仅如此，倾销还导致了我国铜版纸行业设备利用率严重不足，由 COMPAS 模型估计得出，由于进口倾销，2001 年国内铜版纸行业设备利用率介于 55.6% ~ 70.9%，平均值为 64.7%，远远低于 2000 年的 83%。因此，表 7 - 6 中的评估结果证明，2001 年进口铜版纸倾销行为确实对我国铜版纸行业产生了实质性的损害。

这个实证结果与 2001 年我国铜版纸行业总体经营状况基本吻合。

2001 年由于韩国、日本等国家的铜版纸在我国市场上的倾销行为，对我国刚刚发展起来铜版纸行业造成了巨大冲击。以我国最大的铜版纸企业金东（江苏）纸业有限公司为例，受进口铜版纸倾销的影响，金东铜版纸产品的平均销售价格 2001 年比 2000 年下降了 13.7%；面对国内持续下滑的市场形势，金东 2001 年的开工率由 2000 年的 85.3% 降到 66%；在资本压力下，金东的利润急剧下降，2001 年比 2000 年减少了 2 亿多元人民币；在国内需求扩大的情况下，2001 年金东就业人数反而比 2000 年下降了 6.49 个百分点。[①]

根据表 7-6 中的实证结果，我们还可以来考察一下诸如我国产品与进口品之间的替代弹性等参数值的大小对产业损害程度的影响。表 7-6 给出了 8 种不同情形下的估计结果，其中前四种情形对应的是 3 种不同来源产品之间替代率都取下限，后 4 种情形对应的是 3 种不同来源产品之间替代率都取上限。显然，以价格指标为例，对于相同的倾销边际，替代率高时，价格下降的幅度也较大，反之亦然。直观上也不难理解，因为替代率表明不同来源产品之间的差异程度，替代率越高，表明产品间差异越小，在这种情况下，当进口产品降价时，就会导致原来对国产品的需求大量转移到倾销产品，从而对国内企业造成更大的冲击。因此，当国内外同类产品之间的替代弹性存在差异时，相同的倾销幅度对产业的损害程度并不相同，替代弹性越大，相同的倾销幅度导致国产品的价格、产量以及收益下降幅度越大，即损害程度越严重。这主要是因为替代弹性较大的产品之间的差异往往比较小，在这种情况下，如果进口产品低价倾销，就会导致原来对国产品的需求大量转移到倾销产品，从而对进口竞争产品的冲击就更大。所以，在进行产业损害认定时，不能仅仅根据倾销幅度来判断损害的程度，而应该根据不同的产品或行业分别进行。[②]

我们还可以通过考察倾销前后，进口产品与本国产品市场占有率的变化来考察产业损害情况。[③] 在 COMPAS 模型的输出结果中，还给出了进口产品的倾销行为对不同来源产品（进口倾销产品、进口非倾销产品以及本国产品）市场份额的影响情况，具体结果见表 7-7。

---

① 资料来源：国家经济贸易委员会. 铜版纸反倾销产业损害调查听证会记录 [C]. 2003 - 2 - 26.

② 因此，跨行业、跨部门来实证考察倾销行为的贸易或经济效应，由于行业产品差异，往往导致实证结果的准确性降低。

③ 事实上，在反倾销产业损害实践中，市场份额是政府有关部门用来判断产业损害的一个重要指标。

表 7 – 7 2001 年进口铜版纸倾销行为对我国市场上不同来源产品市场份额的影响

| | 情况1 | 情况2 | 情况3 | 情况4 | 情况5 | 情况6 | 情况7 | 情况8 | 平均 |
|---|---|---|---|---|---|---|---|---|---|
| 国产铜版纸市场份额 | 44.4% | 39.7% | 42.9% | 38.2% | 37.4% | 25.2% | 34.9% | 22.7% | 35.7% |
| 倾销铜版纸的市场份额 | 50.6% | 55.9% | 52.0% | 57.3% | 59.6% | 73.4% | 61.9% | 75.9% | 60.8% |
| 非倾销铜版纸市场份额 | 5.0% | 4.4% | 5.1% | 4.5% | 3.0% | 1.4% | 3.1% | 1.4% | 3.5% |

资料来源：作者根据 COMPAS 模型模拟得出。

表 7 – 7 是 2001 年国产铜版纸、进口倾销铜版纸以及非倾销铜版纸在 8 种不同情况下市场占有率的大小估计。从表 7 – 7 的结果我们至少可以得出两个重要结论：第一，进口倾销行为使国产铜版纸的市场占有率大幅减少，8 种情况下的平均值仅为 30.6%，而据统计，2000 年国产铜版纸市场占有率为 45%；进口倾销铜版纸的市场占有率则大幅上升，从 2000 年的 38% 增加到 2002 年的 60.1% 左右；非倾销的进口铜版纸的市场份额也有很大的下降，从 2000 年的 17% 减少到 2000 年的 9.3%，因此，从市场占有率指标来看，倾销行为不仅给我国铜版纸行业造成了巨大冲击，而且也挤压了非倾销企业。第二，不同来源产品之间的替代弹性大小对市场份额的变化同样具有重要影响，当进口产品倾销边际不变时，产品替代弹性越大，进口倾销的冲击也越大。

反倾销产业损害调查的重点是倾销行为对本国进口竞争产业的损害情况，但是，倾销行为对相关出口企业的影响也可以从侧面来反映倾销行为对进口竞争企业的冲击大小。COMPAS 除了可以评估倾销行为对进口竞争产业的多方面影响外，还可以给出倾销行为对倾销企业以及非倾销企业的影响情况，这也是 COMPAS 模型比其他产业损害测度模型更加可取的地方。

2001 年铜版纸倾销行为对韩国、日本等涉案国铜版纸企业以及非涉案国铜版纸企业的影响见表 7 – 8。表 7 – 8 中的实证结果表明，同 2000 年相比，在 2001 年涉案的倾销铜版纸的价格下降了 24.2%，而产出大约增加了 133.6%，收益增加了 76.3%，这表明，尽管倾销产品的价格下降了，但是，由于产出的大幅增加，其收益也有大幅增加。这正是出口企业进行倾销的主要动机。

表 7 – 8　　　　　　　2001 年铜版纸倾销行为对进口产品市场的影响

| | 情况 1 | 情况 2 | 情况 3 | 情况 4 | 情况 5 | 情况 6 | 情况 7 | 情况 8 | 平均 |
|---|---|---|---|---|---|---|---|---|---|
| 倾销铜版纸的价格 | −23.1% | −26.6% | −22.2% | −26.6% | −21.4% | −26.6% | −20.3% | −26.6% | −24% |
| 倾销铜版纸的产出 | 59.3% | 87.2% | 78.5% | 112% | 99.8% | 222% | 128% | 281% | 134% |
| 倾销企业的收益 | 22.5% | 37.4% | 38.8% | 56.1% | 57.1% | 136.5% | 82.4% | 179% | 76.3% |
| 非倾销铜版纸价格 | −3.2% | −2.5% | −2.1% | −2.8% | −6.3% | −2.3% | −5.1% | −2.0% | −3.3% |
| 非倾销铜版纸产出 | −27.4% | −34.9% | −18.9% | −26.3% | −47.9% | −70.0% | −40.5% | −64.8% | −41.3% |
| 非倾销企业的收益 | −29.7% | −34.9% | −20.6% | −26.3% | −51.1% | −70.0% | −43.5% | −64.8% | −42.6% |

资料来源：作者根据 COMPAS 模型模拟得出。

表 7 – 8 还给出了倾销行为对非涉案出口企业的影响。估计结果表明，在倾销产品低价销售的带动下，2001 年非倾销产品在我国市场上的价格平均下降了 3.3%，但是，由于受到倾销行为的挤压，非涉案企业的产出有所减少，降幅为 41.3%，而且，非倾销企业在我国市场上的收益也有大幅减少，减幅达 42.6%。因此，由表 7 – 8 中的结果可得出，倾销行为使倾销企业获益，但使非倾销企业受损。

以上我们利用 COMPAS 模型，实证考察了 2001 年进口铜版纸倾销行为对我国铜版纸产业的损害情况，实证结果表明，不论从国产铜版纸的价格、产量及收益等指标，还是从进口倾销企业在中国市场上的价格、市场占有率等指标来考察，2001 年韩国、日本等国的铜版纸倾销行为都对中国刚刚发展起来的铜版纸行业造成了实质性的损害。这也证明了我国 2003 年对韩国、日本的铜版纸征收反倾销税等措施的正确性与合理性。

### 7.5.2　美国大豆倾销对中国产业损害的实证评估

国务院发展研究中心调查得出，由于得到政府的巨额补贴，美国大豆在中国市场上确实存在倾销行为。邱雁（2011）通过比较美国大豆的正常价值与其在华销售价格，计算得出美国大豆在中国市场的倾销边际至少为 7.18%。本书基于 2011 ~ 2015 年中国大豆进口等有关数据，利用 COM-PAS 模型就美国大豆倾销行为对中国大豆的价格、产出、收益以及倾销国与非倾销国大豆的价格、产出以及收益影响大小进行模拟分析。分析的思路是：将 2011~2015 年定为考察期，首先通过模型模拟得出没有倾销时中美两国以及其他国家大豆的产出、进出口、价格、收益、市场份额等指标，然后将模拟值同这些指标的初始值进行比较，从而测度出倾销行为对有关指标的影响大小。

**1. 参数估计**

接下来我们估算 COMPAS 模型需要输入的关键参数值，包括：本国产品与进口产品的替代弹性、本国产品的供给弹性、国内市场的总需求弹性、本国产品市场占有率、国外倾销与非倾销产品市场占有率、倾销边际等数值。

COMPAS 模型中不同国家产品之间的替代弹性为 Armington 弹性，即假设不同国家产品的替代弹性相等。关于不同国家产品替代弹性方面的实证文献较多，而且估计结果存在较大差异。芬斯特拉等（Feenstra et al., 2014）利用不同国家的细分产品数据，估计得到不同国家产品间的替代弹性平均值大约为 4.4，由于本章探讨的是大豆这种细分产品，因此用 4.4 作为替代弹性大小。但考虑到弹性参数在 COMPAS 模型中的重要作用以及弹性参数估计中可能的误差和不确定性，为了增加 COMPAS 模型估计结果的容错范围，本章在芬斯特拉等（2014）估计值的基础上，将估计得到的 Armington 替代弹性值作为一个正态分布的均值，然后确定该弹性指标估计值的一个置信区间。均值为 4.4、置信度为 95% 的置信区间为 [2.14, 6.66]，因此，我们将 2.14 和 6.66 分别作为该参数的下界和上界。

托卡里克（Tokarick, 2014）则对不同国家的进口需求弹性与出口供给弹性进行了估计，估计结果表明，中国进口需求的短期弹性大约为 0.44，进口需求的长期弹性大约为 0.61，美国短期出口供给弹性为 1.56，长期出口供给弹性为 2.14。本章将直接利用该文献的估计结果，且分别令长期和短期值为有关变量取值区间的上下限，即中国大豆进口需求弹性的取值区间为 [0.44, 0.61]，美国大豆出口供给弹性取值区间为 [1.56, 2.14]。至于非倾销国，我们选择巴西为代表，根据托卡里克（2014）的估计，巴西大豆的供给弹性取值区间为 [1.49, 1.64]。

本章的倾销是指成本倾销（cost dumping），简单地说，就是指出口价格低于该产品的生产成本。米德等（Meade et al., 2016）采用美国农业部的相关数据，计算出美国大豆的 5 年平均生产成本为 364.09 美元/英亩，美国大豆的 5 年平均产量为 1.21 吨/英亩（44.6 蒲式耳/英亩），因此每吨大豆的生产成本为 300.8 美元/吨，美国大豆 5 年平均出口离岸价格（FOB）为 483 美元/吨，如果仅仅从生产成本与出口离岸价格来比较，美国大豆对中国出口并没有倾销行为。但是，根据美国农业部的统计数据，美国大豆国内市场的 5 年平均正常价值（normal value，即生产成本 + 附加值）为 515.75 美元/吨。因此，根据 WTO《反倾销协议》关于倾销的定义，美国大豆在中国市场存在倾销行为。美国大豆在中国的倾销边际为[①]：

倾销边际 =（正常价值 - 出口价格）/ 出口价格 =（515.75 - 483）/483 = 6.78%

  根据 2011 ~ 2015 年中国大豆的产量、中国从美国的大豆进口量以及中国大豆消费总量，计算得到各国大豆在中国市场占有率参数的平均值，运输成本占到岸价格（CIF）的比例根据美国农业部的统计数据计算得到[②]。各个参数取值的具体情况见表 7 - 9。

  由于表 7 - 9 右边的参数值都有一个取值区间，因此，可以将这些参数分成 3 组：前 9 个替代弹性为第一组，总需求弹性单独为第二组，后 3 个供给弹性为第三组。采用 COMPAS 进行估算时，取值方法如下：同组的参数采用相同的取值方法，即同时取这些参数的下限或上限，3 组参数共有 8 种不同的取值组合。再将这些取值同表 7 - 9 左边的参数值一起输入 COMPAS 模型，就可以得到 8 种不同的模拟结果。

表 7 - 9        COMPAS 模型需输入的参数及其取值大小

| 参数名称 | 数值 | 参数名称 | 数值下限 | 数值上限 |
|---|---|---|---|---|
| 美国大豆倾销边际 | 6.78 | 本国与倾销进口产品的替代弹性 | 2.14 | 6.66 |
| 美国大豆市场占有率 | 31.14 | 本国与非倾销进口产品的替代弹性 | 2.14 | 6.66 |
| 中国国产大豆市场占有率 | 15.63 | 倾销与非倾销进口产品替代弹性 | 2.14 | 6.66 |
| 中国大豆进口关税 | 3.00 | 总的需求弹性 | 0.44 | 0.61 |
| 倾销大豆运输成本占比 | 9.55 | 本国同类产品供给弹性 | 1.65 | 3.42 |
| 中国对进口产品的贡献率 | 0.00 | 非倾销产品供给弹性 | 1.49 | 1.64 |
| 中国大豆产业的产能利用率 | 70.00 | 倾销产品供给弹性 | 1.56 | 2.14 |

  资料来源：美国农业部、中国海关等以及本研究的推算。

  注：由于本书重点考察进口大豆对我国大豆生产的影响，而不考虑进口大豆对上下游产业的影响，因此，本国对进口产品的贡献率为 0。

---

  ①  邱雁（2011）将正常价值定义为生产成本减去政府补贴等，因此计算得到美国大豆在中国市场倾销边际为 7.18%。根据美国农业部网站的统计数据，大豆的正常价值等于直接的生产成本加上劳动、土地等要素的机会成本，本书中美国大豆的正常价值来源于美国农业部公布的统计数据。

  ②  根据美国农业部 2016 年的统计数据，美国大豆出口到中国的平均运输成本大约为 51 美元/吨。

## 2. 倾销行为对中国大豆行业的影响

进口国在反倾销产业损害调查中，考察的重点是倾销行为对中国同类产品价格、产出以及进口竞争行业收益等指标的影响大小。表 7 - 10 是 COMPAS 模型估计得出的 2011 ~ 2015 年美国大豆倾销行为对中国大豆行业的平均影响情况。本章的模拟结果都是相对变化的，即相对于不存在倾销时有关指标的变化情况。

表 7 - 10　　　　　美国大豆倾销行为对中国大豆行业的影响大小　　　　单位：%

| | 情况 1 | 情况 2 | 情况 3 | 情况 4 | 情况 5 | 情况 6 | 情况 7 | 情况 8 | 平均 |
|---|---|---|---|---|---|---|---|---|---|
| 中国国产大豆价格变化 | -11.2 | -12.7 | -10.3 | -9.6 | -12.8 | -14.1 | -13.7 | -12.3 | -12.1 |
| 中国国产大豆产量变化 | -13.8 | -14.5 | -12.6 | -11.2 | -14.2 | -16.9 | -18.0 | -14.0 | -14.4 |
| 中国大豆行业收益变化 | -20.0 | -23.2 | -18.6 | -17.8 | -22.9 | -25.9 | -26.5 | -22.1 | -22.1 |
| 中国大豆行业产能的变化 | -15.3 | -18.4 | -13.3 | -12.6 | -17.7 | -20.7 | -21.5 | -17.9 | -17.1 |

资料来源：COMPAS 模型模拟得到。

从表 7 - 10 可以看出，在 8 种不同情况下，同不存在倾销时相比，美国大豆在中国市场的倾销行为导致中国大豆行业的产出、价格以及收益的变动率均为负值。这表明，美国大豆的倾销行为导致中国大豆行业的产出、价格与收益都出现较大幅度的下降。具体而言，美国倾销行为导致中国国产大豆的价格下降，降幅介于 9.6% ~ 14.1%，平均减少了 12.1%；导致国产大豆的产量下降，降幅介于 11.2% ~ 18.0%，平均减少了 14.4%；导致国内大豆行业的收益也大幅下降，降幅在 17.8% ~ 26.5%，平均减少了 22.1%。不仅如此，倾销行为还导致中国大豆产能利用率下降，降幅在 12.6% ~ 21.5%，平均降幅为 17.1%。因此，美国大豆的倾销行为确实对中国大豆的生产造成了实质性的损害。

上述模拟结果与现实情况大致相同。美国大豆倾销导致在中国市场上，进口大豆的价格远低于国产大豆的价格，为了追求利润，国内部分大豆加工企业更加倾向于使用价格更低的进口大豆。这最终导致国内大豆市场价格整体大幅下跌，2015 年大豆市场价格为 3781.33 元/吨，较 2011 年的 4080.00 元/吨下跌了 7.32%；由于国产大豆价格持续弱势，豆农种植意愿不断下降，国产大豆种植面积连续 5 年下降，国产大豆产量从 2011 年的 1448.53 万吨降至 2015 年的 1160.2 万吨；国产大豆价格和产量的同时下降也导致了大豆行业收益的明显减少，这意味着中国政府在合适时机应该采取反倾销税等贸易救济措施。

**3. 倾销行为对不同来源产品市场份额的影响**

倾销行为还会影响进口国不同来源产品的市场份额①。表 7 – 11 是 COMPAS 模型模拟得到的美国大豆倾销行为对中国大豆、美国大豆以及其他国家大豆在中国市场份额的影响情况。

表 7 – 11　　美国大豆倾销行为对中国大豆市场上不同来源产品市场份额的影响

单位：%

| | 情况 1 | 情况 2 | 情况 3 | 情况 4 | 情况 5 | 情况 6 | 情况 8 | 平均 |
|---|---|---|---|---|---|---|---|---|
| 中国大豆市场份额的变化 | – 9.3 | – 10.1 | – 8.3 | – 6.9 | – 11.2 | – 12.8 | – 12.9 | – 10.5 |
| 美国大豆市场份额的变化 | 12.1 | 13.6 | 10.3 | 8.7 | 15.5 | 17.5 | 17.1 | 13.9 |
| 其他国家大豆市场份额变化 | – 2.8 | – 3.5 | – 2.0 | – 1.8 | – 4.3 | – 4.7 | – 4.2 | – 3.4 |

资料来源：COMPAS 模型模拟得到。

表 7 – 11 前 4 种情形对应的是替代弹性的下限，后 4 种情形对应的是替代弹性的上限，在倾销边际相同情况下，本国产品与倾销产品之间的替代弹性较大时，本国产品与进口产品之间的差异程度较小，中国、美国、其他国家大豆的市场份额变化幅度也较大。模拟结果表明：第一，美国大豆在中国倾销行为导致中国大豆的市场份额大约下降了 10.5%（不包括正常贸易导致中国大豆市场份额的下降），可能的原因是，倾销会引起进口大豆价格下跌，中国大豆价格高于进口大豆价格，导致中国大豆产量下降，再加上下游压榨、豆油品牌等下游渠道基本控制在外资手里，大豆压榨企业采购进口大豆积极性提高，最终促使中国大豆市场份额减少；第二，倾销行为使美国大豆在中国市场份额大幅增加，在正常贸易的基础上大约提高了 13.9%；第三，美国大豆的倾销行为导致巴西、阿根廷等其他国家大豆在中国市场份额下降，降幅大约为 3.4%。从以上分析可以看出，美国大豆的倾销行为对中国国产大豆和其他国家大豆产生了抑制效应，从而有利于美国大豆对中国的外销。

_____

① 事实上，在反倾销产业损害实践中，市场份额是政府有关部门用来判断产业损害的一个重要指标。

### 4. 倾销行为对美国倾销企业的影响

COMPAS 模型还可以模拟得到倾销行为对美国涉嫌倾销企业的出口价格、产出以及收益的影响大小，具体结果如表 7 - 12 所示。

表 7 - 12 估计结果表明，倾销行为使美国大豆对中国出口价格下降大约 5.7%，带动了美国大豆的产出增加大约 13.5%，原因在于，相比于玉米、大米和小麦等粮食品种，在中国加入 WTO 的承诺中，大豆是贸易保护程度最小、市场开放程度最高的大宗商品，缺乏必要的关税保护和进口配额政策，当美国政府对豆农给予较高补贴时，会压低美国大豆出口价格，由于刚性需求和大豆国内生产总量的差额巨大，对美国大豆进口的依赖促使美国大豆产出增加。当美国大豆产出的增加幅度显著超过对中国出口价格下降幅度时，这对美国涉嫌倾销企业大豆的出口收益有利，增加了大约 7.1%。显然美国大豆行业从对中国倾销中获益匪浅，这也是多年来美国对中国大豆倾销的主要原因。

表 7 - 12　　　　美国大豆倾销行为对倾销企业的影响　　　　单位：%

|  | 情况 1 | 情况 2 | 情况 3 | 情况 4 | 情况 5 | 情况 6 | 情况 7 | 情况 8 | 平均 |
|---|---|---|---|---|---|---|---|---|---|
| 倾销大豆价格变化 | -3.6 | -4.2 | -4.6 | -5.2 | -6.0 | -6.4 | -7.2 | -7.4 | -5.7 |
| 倾销大豆产出变化 | 8.2 | 8.6 | 8.9 | 9.2 | 16.4 | 18.9 | 17.8 | 20.1 | 13.5 |
| 倾销企业收益变化 | 2.2 | 2.5 | 2.8 | 3.0 | 9.8 | 12.2 | 11.2 | 13.4 | 7.1 |

资料来源：COMPAS 模型模拟得到。

### 5. 倾销行为对其他出口国企业的影响

根据前面的分析，除美国外，巴西、阿根廷等国家也是中国大豆重要的进口来源地。美国大豆在中国倾销势必对这些国家大豆对中国出口价格、产出以及收益产生影响。表 7 - 13 是美国大豆在中国倾销对巴西、阿根廷等国家大豆的产出、收益等指标的影响大小。

表 7 - 13　　　　美国大豆倾销行为对其他国家非倾销企业的影响　　　　单位：%

|  | 情况 1 | 情况 2 | 情况 3 | 情况 4 | 情况 5 | 情况 6 | 情况 7 | 情况 8 | 平均 |
|---|---|---|---|---|---|---|---|---|---|
| 非倾销大豆价格变化 | -1.2 | -1.0 | -1.0 | -0.8 | -2.8 | -2.4 | -2.7 | -2.3 | -1.8 |
| 非倾销大豆产出变化 | -1.9 | -2.0 | -1.6 | -1.8 | -4.3 | -5.0 | -4.1 | -4.8 | -3.2 |
| 非倾销企业收益变化 | -3.0 | -3.0 | -2.6 | -2.6 | -7.0 | -7.3 | -6.7 | -6.9 | -4.9 |

资料来源：COMPAS 模型模拟得到。

从表 7 – 13 的模拟结果可以看出，其他国家非倾销企业对应的各个数值都为负，具体来说，美国大豆对中国倾销导致巴西、阿根廷等国大豆对中国的出口价格下降了大约 1.8%，这些国家的大豆产量减少了大约 3.2%，企业的销售收益损失了大约 4.9%，这主要来源于美国大豆对中国倾销挤压了其他国家非倾销企业，一方面，美国大豆对中国倾销引起其他国家非倾销企业价格下降；另一方面，引起中国从美国的大豆进口增加，中国从其他国家大豆的进口量减少，从而导致其他国家非倾销企业的产出减少，当其他国家非倾销企业大豆价格和产出同时下降时，其收益也会明显减少。因此，美国大豆对中国倾销使巴西、阿根廷等其他国家大豆行业遭受一定的经济损失。

# 7.6　结语

近年来，随着全球范围内反倾销案例的快速攀升，反倾销中产业损害调查问题也逐渐被越来越多国家的政府部门、行业和学者所关注。作为世界上最大的发展中国家，中国正以更大的步伐和力度走向世界。正如习近平所言"中国不会关起门来搞建设，中国对外开放的大门只会越开越大"。[①] 中共十九大报告也强调，"中国坚持对外开放的基本国策，坚持打开国门搞建设"。然而，需要强调是，作为一个发展中国家，中国的国民经济和工业体系的基础仍然比较薄弱，部分产业尤其是一些朝阳产业和幼稚产业对外来不当竞争行为的抗击力比较脆弱。在关税、配额等贸易壁垒大幅下降后，反倾销贸易救济措施在我国抵御进口产品非公平贸易、维护产业安全中的作用将日趋彰显。

但是，不论是我国商务部目前主要采用的产业损害认定方法，还是国内少数学者所提出的一些产业损害测度方法，由于缺乏经济理论基础，从而不能有效地区分非公平贸易以及其他因素对产业经营状况的影响，使测度结果的准确性大打折扣。基于局部均衡的 COMPAS 模型在假设其他的因素如整体经济景气状况、汇率、生产技术、消费者偏好等供需因素保持不变的前提下，根据价格机制仅考察倾销、补贴等非公平贸易对进口竞争产业的影响，从而有效地克服了其他因素对产业损害认定结果的干扰，使评估结果更加客观和准确。本章在局部均衡 COMPAS 模型的基础上就倾销行

---

① 2018 年 4 月 10 日，习近平在博鳌亚洲论坛 2018 年年会开幕式上的演讲。

为如何影响我国进口竞争产业的产出、价格以及收益等指标进行了经济理论分析，很好地揭示了倾销行为产业损害的机理，并得到了一些基本结论。在此基础上，就2001年进口铜版纸倾销行为对我国以及进口来源国产业的具体影响进行了实证分析。实证结果不仅与理论结论基本一致，而且我们可以把实证估计得出的结果与2001年我国铜版纸进口以及我国铜版纸行业的现实情况进行比较，发现二者非常接近，这表明模型估计的结果具有相当高的准确性。本章的研究将为我国政府有关部门提供一个客观、科学、准确、时效的产业损害分析工具，同时也为国内学术界考察非公平贸易等贸易政策或现象的经济效应提供了一种新的研究思路。

需要指出的是，COMPAS模型虽然具有灵活性、实用性、时效性等优点，但是也存在一些不足。一是，COMPAS模型估计的结果受到本国产品与进口产品之间的替代弹性、总需求弹性、供给弹性的影响，因此，这些弹性参数的估值是否合理和准确，直接决定了COMPAS模型计算结果的准确性；二是，COMPAS模型建立在完全竞争的前提假设之下，当考察的市场为非完全竞争时，其实证结果的准确性值得商榷。如何构建寡占竞争市场下的COMPAS模型，以及如何利用COMPAS模型来分析其他贸易政策如补贴、出口退税以及反倾销措施的行业层面经济与福利影响，这些都是笔者下一步研究的方向。

# 第8章 研究结论、研究创新及研究展望

自20世纪90年代以来，WTO框架下的全球多边自由贸易谈判困难重重，几乎停滞不前，少数几个国家之间的双边和区域性的贸易协定正被越来越多的国家所采用。根据WTO的统计，作为区域经济一体化主要载体的FTA数量快速增加，截至2019年5月份，全球范围内正在生效的FTA的数量接近300个。作为全球最大的货物贸易国，中国也非常重视自由贸易区建设，中共十八大正式将自由贸易区建设上升到国家对外开放重要战略的高度。2014年，国家主席习近平在中共中央政治局学习会议上强调，"加快实施自由贸易区战略，是我国新一轮对外开放的重要内容"①。近年来，加快实施自由贸易区战略成为我国进一步推进对外开放、培育国际新竞争优势的重要举措，受到各级政府部门的高度重视。2020年正式签署的《区域全面经济伙伴关系》（Regional Comprehensive Economic Partnership，简称RCEP）成为全球规模最大、影响最为广泛和深远的自由贸易协定，RCEP正式签订生效也表明中国自由贸易区战略取得了重大的成果。

事实上，除了中国，世界上其他很多国家也在积极进行区域性的自由贸易协定谈判。随着全球范围内FTA数量的不断攀升，FTA经济与福利影响受到广泛关注，然而，已有研究大多属于宏观层面的分析。这些文献虽然有助于我们从整体上把握FTA的经济与福利影响，但是，考虑到FTA框架下的关税减免程度往往存在行业差异，而且由于不同行业在供需弹性、产品替代弹性等方面存在较大差异，就算同等幅度的关税减免对不同行业的影响也往往大不相同。因此，如何从行业层面客观准确测度FTA的经济与福利影响，对这个问题进行深入研究具有重要的理论与现实意义。这也是本书研究的主要着眼点和目的。

---

① 2014年12月5日，习近平在中共中央政治局第十九次集体学习时的讲话。

# 8.1　主要研究结论

利用可计算局部均衡模型，本书对 FTA 在行业层面的经济与福利影响进行了深入、系统、全面的分析，得出如下主要结论：

（1）对于依赖境外原料或资源的出口企业来说，不论在国际市场上进行的是产量竞争还是价格竞争，如果本国政府降低原材料或中间产品的进口关税，则本国企业在国际市场上的份额和利润会增加，而竞争对手国企业在国际市场上的市场份额和利润会下降。

（2）FTA 的贸易创造效应和贸易转移效应不仅受到关税减免的幅度影响，而且受到供给弹性、需求弹性和替代弹性等参数的影响。以替代弹性为例，在关税减免幅度相同的情况下，本国（或地区）产品与成员产品之间的替代弹性越大，FTA 的贸易创造效应越显著；当成员与非成员产品之间替代弹性越大，FTA 的贸易转移效应越显著。

（3）就福利效应来看，FTA 对成员和非成员的影响存在较大差异，而在成员内部，FTA 对生产者、消费者以及成员税收收入的影响也存在较大差异。例如中澳 FTA 建立后，中国葡萄酒消费者将是最大的受益者，其次是澳大利亚葡萄酒生产者，但是中国葡萄酒生产者的福利损失最大。

# 8.2　政策建议

本书的研究还为我国出口退税政策的制定与实施提供了理论与信息支持。为了完善我国出口退税政策，充分发挥出口退税政策对我国经济快速增长的积极作用，在以上理论分析和经验研究的基础上，本书提出如下的一些政策性建议：

（1）本书的理论研究表明，FTA 的经济与福利影响受到市场规模、企业生产成本、市场供需弹性、替代弹性等众多因素的影响，因此，我国在实施自由贸易区战略时应该根据产业发展的需要，优先考虑选择产业结构互补性较高的国家进行自由贸易区谈判；在进行关税减免时，应充分考虑这种行业差异性，不同行业采取不同关税减免政策，制定不同的关税减免幅度和时间路线图，而不能搞"一刀切"。

（2）本书的模拟分析表明，FTA 虽然可以增加本国消费者商品选择的数量，提高本国消费者的福利水平，但是也可能导致本国进口竞争企业面临更加激烈的国际竞争，降低本国进口竞争企业生产者的福利，同时，FTA 框架下的关税减免还可能导致本国政府关税收入下降。因此，在实施 FTA 战略时应该充分考虑到其对本国经济活动的不利影响。

（3）本书的理论与实证研究表明，相对于关税减免，在 FTA 框架下的贸易便利化的经济与福利效应更加显著。因此，我国在与有关国家进行自由贸易区谈判时，应充分重视贸易便利化的谈判，把贸易便利化作为 FTA 的主要内容。

## 8.3　研究的创新和特色

**1. 研究内容的创新：全面深入分析了 FTA 行业层面的经济与福利影响**

首先，通过将贸易成本分解为关税成本与非关税成本，将两国模型改为三国模型，对梅里兹（Melitz，2003）等经典异质企业贸易模型进行改进，剖析了 FTA 行业层面贸易创造效应和贸易破坏效应的内在机理；其次，综合新新贸易理论与新贸易理论，构建可计算的局部均衡，分别从双边视角和多边视角揭示 FTA 在行业层面影响产出、就业、贸易、生产者剩余和消费者剩余的内在机理；再次，在此基础上，通过模型可计算化，对 FTA 行业层面的上述影响大小进行了客观准确的测度；最后，基于可计算局部均衡模型，构建了产业损害评估模型，就 FTA 对本国进口竞争行业可能的产业损害进行前瞻性评估。本书的研究不仅可弥补已有文献大多缺乏理论基础的不足，开启了 FTA 行业层面福利效应的"暗箱"，而且实现了理论与实证的有机结合，提高了对 FTA 在行业层面经济与福利影响大小测度的可靠性与准确性。

**2. 研究层面与视角的新颖：将研究层面由宏观推进到微观与中观，研究视角由关税减免推进到贸易便利化，实现微观与中观的有机结合，关税减免与贸易便利化福利效应的充分比较**

已有研究大多侧重宏观层面的分析。针对已有研究的不足，本书的研究聚焦于微观企业和中观行业两个层面。另外，已有文献往往研究关税减免问题，而忽略了贸易便利化的福利效应。本书将关税减免系数与贸易便利化系数同时纳入可计算局部均衡理论模型框架，对二者在行业层面的福利效应的机理和大小进行了比较分析，突破了已有文献在研究层面与研究视角的局限性与片面性，提高了分析结果的全面性。

**3. 研究方法的创新：异质性企业贸易理论与新贸易理论、微观计量方法与可计算局部均衡的综合应用，实现了理论与实证、计量回归与数据模拟等前沿分析方法的有机结合**

本书不仅从微观层面和双重视角深入揭示 FTA 福利效应的微观机制，而且利用巴利斯特雷里和卢瑟福（Balistreri and Rutherford，2012）以及迪克森等（Dixon et al.，2015）的方法，对弗朗索瓦和霍尔（1997，2003）发展的可计算局部均衡进行改进，构建具有微观基础的可计算局部均衡模型。这些前沿理论与方法的综合应用不仅可以提高模拟结果的准确性，而且实现了理论与实证、计量回归与数据模拟等分析方法的有机结合，提高了分析结果的准确性。

# 8.4　对未来研究的展望

本书通过构建可计算局部均衡模型对 FTA 在行业层面的经济与福利影响进行了理论与实证分析，丰富了相关研究领域的文献。但是由于本人水平局限和时间有限，加上问题本身的复杂性，本书的研究还存在一些缺陷和不足，因此提出以下进一步研究的设想和建议。

（1）FTA 经济与福利影响微观机理和微观实证是作者下一步的研究重点。本书虽然构建了具有微观基础的可计算局部均衡模型，但是对于 FTA 经济与福利影响微观机理的揭示方面还不够深入和全面。另外，随着计量经济学中微观实证方法的不断完善和国内外部分微观数据库的建立，对 FTA 经济与福利影响进行实证分析成为可能，这也是作者下一步研究的重点问题。

（2）FTA 框架下的贸易便利化问题是作者下一步研究的另一个重点。本书部分章节虽然涉及了贸易便利化问题，但研究的重点在 FTA 框架下的关税减免的经济与福利影响。由于全球范围内平均关税水平已经处于低位，各种制度性的贸易成本成为国际贸易的主要障碍，因此，分析 FTA 框架下的贸易便利化经济与福利影响具有更加重大的理论与现实意义。

# 主要参考文献

[1] 陈勇兵，陈宇媚，周世民. 贸易成本、企业出口动态与出口增长的二元边际 [J]. 经济学季刊，2012（4）：1477-1502.

[2] 陈维涛，王永进，李坤望. 地区出口企业生产率、二元劳动力市场与中国的人力资本积累 [J]. 经济研究，2014（1）：83-96.

[3] 陈淑梅，倪菊华. 中国加入"区域全面经济伙伴关系"的经济效应——基于 GTAP 模型的模拟分析 [J]. 亚太经济，2014（2）：125-133.

[4] 程伟晶，冯帆. 中国—东盟自由贸易区的贸易效应——基于三阶段引力模型的实证分析 [J]. 国际经贸探索，2014，2：4-16.

[5] 常明，何海燕. 基于主成分分析法的产业损害指标体系研究 [J]. 财贸研究，2007，3：27-30.

[6] 何海燕. 反倾销中产业损害幅度测算指标体系的建构 [J]. 价值工程，2003，2：2-4.

[7] 佟家栋，张焦伟，曹吉云. FTA 外商直接投资效应的实证研究 [J]. 南开学报（哲学社会科学版），2010（3）：86-92.

[8] 佟苍松. Armington 弹性的估计与美国进口中国商品的关税政策响应分析 [J]. 世界经济研究，2006（3）：45-48.

[9] 方晓丽，朱明侠. 中国及东盟各国贸易便利化程度测算及对出口影响的实证研究 [J]. 国际贸易问题，2013（9）：68-73.

[10] 韩剑，冯帆，李妍. FTA 知识产权保护与国际贸易：来自中国进出口贸易的证据 [J]. 世界经济，2018，41（9）：51-74.

[11] 姜国庆，凡刚领. 产业损害程度测算指标相关性的有效消除研究 [J]. 管理科学，2004，5：87-91.

[12] 匡增杰. 全球区域经济一体化新趋势与中国的 FTA 策略选择 [J]. 东北亚论坛，2013（2）：90-98，130.

[13] 梁琦，吴新生. "一带一路"沿线国家双边贸易影响因素研究——基于拓展引力方程的实证检验 [J]. 经济学家，2016（12）：69-77.

[14] 刘重力，杨宏．美国重返亚洲对中国东亚地区 FTA 战略的影响——基于 TPP 合作视角的分析［J］．东北亚论坛，2012（5）：48-58.

[15] 鲁晓东，李荣林．区域经济一体化、FDI 与国际生产转移：一个自由资本模型［J］．经济学（季刊），2009（4）：1475-1495.

[16] 李文韬．APEC 贸易投资便利化合作进展评估与中国的策略选择［J］．亚太经济，2011（4）：13-17.

[17] 刘均胜．RCEP 谈判进程及挑战：从区域视角的评估［J］．国际经济合作，2017（8）：37-36.

[18] 钱学锋，王胜，陈兵勇．中国的多产品出口企业及其产品范围：事实与解释［J］．管理世界，2013（1）：9-27.

[19] 丘东晓．自由贸易协定理论与实证研究综述［J］．经济研究，2011（9）：147-157.

[20] 盛斌，高疆．透视 TPP：理念、特征、影响与中国应对［J］．国际经济评论，2016（1）：20-36.

[21] 盛斌，果婷．亚太区域经济一体化博弈与中国的战略选择［J］．世界经济与政治，2014（10）：4-21.

[22] 盛丹，包群，王永进．基础设施对中国企业出口行为的影响："集约边际"还是"扩展边际"［J］．世界经济，2011（1）：17-36.

[23] 施炳展．中国出口增长的三元边际［J］．经济学（季刊），2010（3）：1311-1330.

[24] 沈铭辉，张中元．中—韩 FTA 的经济效应——对双边贸易流的经验分析框架［J］．中国社会科学院研究生院学报，2015（3）：134-144.

[25] 沈铭辉．东亚国家贸易便利化水平测算及思考［J］．国际经济合作，2009（7）：41-46.

[26] 宋国友．全球自由贸易协定竞争与中国的战略选择．现代国际关系，2013（5）：30-35.

[27] 孙林，徐旭霏．东盟贸易便利化对中国制造业产品出口影响的实证分析［J］．国际贸易问题，2011（8）：101-109.

[28] 单君兰，周苹．基于 APEC 的贸易便利化测评及对我国出口影响的实证分析［J］．国际商务研究，2012（1）：40-45.

[29] 宫旭红，蒋殿春．生产率与中国企业国际化模式：来自微观企业的证据［J］．国际贸易问题，2015（8）：24-32.

[30] 曹驰．中国制造业企业"出口自我选择效应"再研究——基于

新新贸易理论的实证分析 [J]. 国际贸易问题, 2015 (12): 108 - 121.

[31] 陈勇兵, 赵羊, 汪婷. 异质企业框架下贸易自由化的福利效应: 一个文献综述 [J]. 国际贸易问题, 2016 (3): 28 - 36.

[32] 柯孔林, 向洪金, 邝艳湘. 美国大豆倾销对中国产业损害的认定与评估——基于可计算局部均衡 COMPAS 模型的分析 [J]. 商业经济与管理, 2017 (6): 87 - 97.

[33] 钱学锋, 龚联梅. 贸易政策不确定性、区域贸易协定与中国制造业出口 [J]. 中国工业经济, 2017 (10): 81 - 98.

[34] 邱龙宇. 中美贸易摩擦背景下新国际主义与中国深化自由贸易区 (FTA) 战略的机遇 [J]. 东岳论丛, 2020, 41 (4): 26 - 35.

[35] 李荣林, 鲁晓东. 中日韩自由贸易区的贸易流量和福利效应分析: 一个局部均衡的校准方法 [J]. 数量经济技术经济研究, 2006 (11): 65 - 83.

[36] 李天国. 逆全球化背景下韩国亚太自由贸易区战略——基于 RCEP、CPTPP 规则比较 [J]. 东北亚学刊, 2020 (3): 61 - 75, 149.

[37] 卢秋艳. 不同的关税减让方案对我国进口农产品影响的局部均衡分析——以棉花为例 [J]. 国际贸易问题, 2008 (9): 54 - 63.

[38] 吕颖. 国外自由贸易区的建设经验及对我国的启示——以美国对外贸易区为例 [J]. 工业经济论坛, 2018, 5 (3): 7 - 15.

[39] 彭支伟, 张伯伟. 中日韩自由贸易区的经济效应及推进路径——基于 SMART 的模拟分析 [J]. 世界经济研究, 2012 (12): 74 - 85.

[40] 杨励, 吴娜妹. 中澳 FTA 下关税削减对乳制品的经济效应分析——基于 SMART 模型 [J]. 国际经贸探索, 2016 (9): 34 - 46.

[41] 成新轩, 郭志尧. 中国自由贸易区优惠原产地规则修正性限制指数体系的构建——兼论中国自由贸易区优惠原产地规则的合理性 [J]. 管理世界, 2019, 35 (6): 70 - 80, 108.

[42] 孙林, 胡玲菲, 方巧云. 中国自由贸易区战略提升中国进口食品质量了吗——基于双重差分模型 [J]. 国际贸易问题, 2019 (5): 54 - 68.

[43] 乔乔, 袁波, 张雪妍. 中日自贸区战略特点、比较与合作思路 [J]. 国际经济合作, 2018 (8): 36 - 39.

[44] 张中宁. 中美两国自由贸易区战略比较研究 [D]. 北京: 对外经济贸易大学, 2018.

［45］全毅，沈铭辉．区域全面经济伙伴关系（RCEP）的中国视角［J］．国际贸易，2014（6）：57－61．

［46］向洪金，赖明勇．全球视角下美国对华光伏产品"双反"案的经济效应研究［J］．世界经济，2013（4）：111－138．

［47］向洪金，赖明勇．建立 ECFA 对海峡两岸农产品生产与贸易的影响——基于局部均衡 COMPAS 模型的研究［J］．国际经贸探索，2011，27（1）：18－23．

［48］向洪金，赖明勇．建立 ECFA 对两岸纺织品生产和贸易的影响——基于局部均衡 COMPAS 模型的研究［J］．国际贸易问题，2011（01）：158－166．

［49］赵亮，陈淑梅，陈敏．广域一体化趋势下区域全面经济伙伴关系发展研究［J］．国际贸易，2013（5）：54－60．

［50］汤婧．区域全面经济伙伴关系：整合困境及其对中国经济福利与产业的影响分析［J］．财贸经济，2014（8）：85－93．

［51］赵亮，陈淑梅．经济增长的"自贸区驱动"——基于中韩自贸区、中日韩自贸区与 RCEP 的比较研究［J］．经济评论，2015（1）：92－102．

［52］王玉婧，张宏武．贸易便利化的正面效应及对环境的双重影响［J］．现代财经，2007（3）：72－76．

［53］许统生，陈瑾，薛智韵．中国制造业贸易成本的测度［J］．中国工业经济，2011（7）：15－24．

［54］张杰，郑文平，翟福昕．中国出口产品质量得到提升了么？［J］．经济研究，2014（10）：46－58．

［55］周曙东，肖宵，杨军．中韩自贸区建立对两国主要产业的经济影响分析［J］．国际贸易问题，2016（5）：116－129．

［56］赵金龙，程轩，高钟焕．中日韩 FTA 的潜在经济影响研究——基于动态递归式 CGE 模型的研究［J］．国际贸易问题，2013（2）：58－67．

［57］竺彩华，韩剑夫．"一带一路"沿线 FTA 现状与中国 FTA 战略［J］．亚太经济，2015（4）：44－50．

［58］曾铮，周茜．贸易便利化测评体系及对我国出口的影响［J］．国际经贸探索，2008（10）：4－9．

［59］祝树金，张鹏辉．出口企业是否有更高的价格加成：中国制造业的证据［J］．世界经济，2015，38（4）：3－24．

［60］杨勇，刘思婕，陈艳艳．"FTA 战略"是否提升了中国的出口产品质量？［J］．世界经济研究，2020（10）：63 - 75，136.

［61］张婷玉．美国自由贸易区战略研究［D］．沈阳：辽宁大学，2014.

［62］展进涛，陈琦琦，向洪金，王莹．全球视野下美国 DDGS 倾销对中国饲料产业的影响——基于 COMPAS 模型的模拟分析［J］．中国农村经济，2018（5）：132 - 143.

［63］Anderson, J. E. , and Yotov, V. Terms of Trade and Global Efficiency Effects of Free Trade Agreements, 1990 - 2002 ［J］. *Journal of International Economics*, 2016, 99, 279 - 298.

［64］Armington, P. The Geographic Pattern of Trade and the Effects of Price Changes ［R］. *International Monetary Fund Staff Papers*, 1969, 16, 176 - 199.

［65］Baier, S. , Bergstrand, J. Do Free Trade Agreements Actually Increase Members' International Trade? ［J］. *Journal of International Economics*, 2007, 71（1）: 72 - 95.

［66］Baier, S. , Bergstrand, J. , Feng, M. Economic Integration Agreements and the Margins of International Trade ［J］. *Journal of International Economics*, 2014, 93: 339 - 350.

［67］Bhattacharyya, R. , and Mandal, A. India-ASEAN Free Trade Agreement: An Ex Post Evaluation ［J］. *Journal of Policy Modeling*, 2016, 38: 340 - 352.

［68］Balistreri, E. , Hillberry, R. , Rutherford, T. Trade and Welfare: Does Industrial Organization Matter? ［J］. *Economics Letters*, 2010, 109: 85 - 87.

［69］Chunding Li, Jing Wang, Whalley, J. Impact of Mega Trade Deals on China: A Computational General Equilibrium Analysis ［J］. *Economic Modelling*, 2016, 57: 13 - 25.

［70］Chunding Li, Whalley, J. China and the Trans-Pacific Partnership: A Numerical Simulation Assessment of the Effects Involved ［J］. *World Economy*, 2014, 37（2）: 169 - 192.

［71］Cherkashin, I. , Demidova, S. , Kee, H. Firm Heterogeneity and Costly Trade: A New Estimation Strategy and Policy Experiments ［J］. *Journal of International Economics*, 2015, 96: 18 - 36.

［72］Cheong I, Tongzon J. Comparing the Economic Impact of the Trans-

Pacific Partnership and the Regional Comprehensive Economic Partnership [J].
*Asian Economic Papers*, 2013, 12 (2): 144 – 164.

[73] Caliendo L. and Parro, F. Estimates of the Trade and Welfare Effects of NAFTA [J]. *Review of Economic Studies*, 2015, 82: 1 – 44.

[74] Egger, P. and Larch, M. An Assessment of the Europe Agreements' Effects on Bilateral Trade, GDP, and Welfare [J]. *European Economic Review*, 2011, 55 (2): 263 – 279.

[75] Francois, J., and H. Hall, COMPAS: Commercial Policy Analysis System, USITC, 1993.

[76] Francois, J. and Hall, H. Partial Equilibrium Modeling, in Francois and Reinert, eds, *Applied Methods for Trade Policy Analysis* [M]. Cambridge University Press, 1997.

[77] Francois, J. and Hall, H. Global Simulation Analysis of Industry-Level Trade Policy [J]. *World Bank Mimeo*, 2003.

[78] Grossman, M. Imports as a Cause of Injury: The Case of the U. S. Steel Industry [J]. *Journal of International Economics*, 1986, 20: 201 – 223.

[79] Hertel T, Hummels D, Ivanic M, Keeney R. How Confident Can We be in CGE Based Assessments of Free Trade Agreements? [J]. *Economic Modelling*, 2007, 24 (4): 611 – 625.

[80] Itakura K. Impact of Liberalization and Improved Connectivity and Facilitation in ASEAN for the ASEAN Economic Community [J]. *Journal of Asian Economics*, 2014, (12): 216 – 227.

[81] Jang, Y. The Impact of Bilateral Free Trade Agreements on Bilateral Foreign Direct Investment Among Developed Countries [J]. *World Economy.* 2011, 34 (9), 1628 – 1651.

[82] Jung J., Understanding The COMPAS Model: Assumptions, Structure, and Elasticity of Substitution, The Degree of Doctor of Dhilosophy of University of Florida, 2004.

[83] Jean, S., Mulder, N., and Ramos. P. A General Equilibrium, Ex-post Evaluation of the EU-Chile Free Trade Agreement [J]. *Economic Modelling*, 2014, 41: 33 – 45.

[84] Kawabata, Y., and Takarad, Y. Welfare Implications of Free Trade Agreements Under Bertrand and Cournot Competition with Product Differentiation

[J]. *International Economics*, 2015, 142: 4 – 14.

[85] Kiyotaki, F., and Miyakawa, T. Barriers to Global Free Trade Through Bilateral Agreements [J]. *Review of International Economics*, 2013; 21: 536 – 48.

[86] Kummar P., Parappurathu S., Raju S. Estimation of Demand Elasticity for Food Commodities in India [J]. *Agricultural Economics Research Review*, 2011, 24 (1): 1 – 14.

[87] Kim, S. H. and M. A. Kose, Welfare Implications of Trade Liberalization and Fiscal Reform: A Quantitative Experiment [J]. *Journal of International Economics*, 2014, 92: 198 – 209.

[88] Krugman, P., Scale Economies, Product Differentiation, and the Pattern of Trade [J]. *The American Economic Review*, 1980, 70 (5): 950 – 959.

[89] Li Chunding and J. Whalley, China's Potential Future Growth and Gains from Trade Policy Bargaining: Some Numerical Simulation Results [J]. *Economic Modelling*, 2014, 37: 65 – 78.

[90] Li, Y. and Wilson, J. Trade Facilitation and Expanding the Benefits of Trade: Evidence from Firm Level Data [R]. *Working Paper* 71, ARTNET, 2009.

[91] Li, Q., Scollay, R., and Maani, S. Effects on China and ASEAN of the ASEAN-China FTA: The FDI perspective [J]. *Journal of Asian Economics*, 2016, 44: 1 – 19.

[92] Melitz, M. The Impact of Trade on Intra-Industry Reallocations and Aggregate Industry Productivity [J]. *Econometrica*, 2003, 71 (6): 1695 – 1725.

[93] Melitz, M. and Ottaviano, G. Market size, Trade, and Productivity [J]. *Review of Economic Studies*, 2008, 75 (1): 295 – 316.

[94] Melitz, M., and Redding, S. New Trade Models, New Welfare Implications [J]. *American Economic Review*, 2015, 105: 1105 – 1146.

[95] Ma, K., and Riezman, R. Understanding the Welfare Implications of Preferential Trade Agreements [J]. *Review of International Economics*, 2000, 8: 619 – 633.

[96] Németh G., Szabó L., Juan-Carlos C., Estimation of Armington Elasticities in a CGE Economy-energy-environment Model for Europe [J]. *Economic Modelling*, 2011, 28 (4): 1993 – 1999.

[97] Nelson, P., Does Heavy Drinking by Adults Respond to Higher Alcohol Prices and Taxes? A Survey and Assessment [J]. *Economic Analysis and*

*Policy*, 2013, 43: 265 – 291.

[98] Németh, G. , L. Szabó, and C. Juan-Carlos, Estimation of Armington Elasticities in a CGE Economy-energy-environment Model for Europe [J]. *Economic Modelling*, 2011, 28 (4): 1993 – 1999.

[99] Qiaomin Li, Scollay, R. , and Maani, S. Effects on China and ASEAN of the ASEAN-China FTA: The FDI perspective [J]. *Journal of Asian Economics*, 2016, 44: 1 – 19.

[100] Saggi, K. , and Yildiz, H. Bilateralism, Multilateralism, and the Quest for Global Free Trade [J]. *Journal of International Economics*, 2010, 81: 26 – 37.

[101] Simonovska, I. , and Waugh, M. The Elasticity of Trade: Estimates and Evidence [J]. *Journal of International Economics*, 2014, 92 (1): 34 – 50.

[102] Okrent A M. , Alston M T. , The Demand for Disaggregated Food Away-From-Home and Food-at-Home Products in the United States [R]. USDA Economic Research Report No. 139, August 2012.

[103] Oczkowski, E. , Modelling the Demand and Supply Determinants of Australian Wine Grapes [J]. *The Economic Society of Australia*, 2014, 33 (1): 1 – 12.

[104] Pan, S. , C. Fang, and J. Malaga, Alcoholic Beverage Consumption in China: A Censored Demand System Approach [J]. *Applied Economics Letters*, 2006, 13 (15): 975 – 979.

[105] Reinert, A. , and W. Roland-Holst, Armington Elasticities for United States Manufacturing Sectors [J]. *Journal of Policy Modeling*, 1992, 14 (5): 631 – 639.

[106] Sousa, J. , Estimation of Price Elasticities of Demand for Alcohol in the United Kingdom [R]. HMRC Working Paper, 2014.

[107] Yanxiang Kuang, Hongjin Xiang, Who Benefits from Antidumping and Countervailing? An Analysis Using a Computable Partial Equilibrium Model [J]. *Emerging Markets Finance & Trade*, 2019, 55 (2): 409 – 426.

[108] Xiang, H. J. , Y. X. Kuang, and C. H. Li, Impact of the China-Australia FTA on Global Coal Production and Trade [J]. *Journal of Policy Modeling*, 2017, 39: 65 – 78.

[109] Zhai, Fan. Armington Meets Melitz: Introducing firm heterogeneity in a Global CGE Model of Trade [J]. *Journal of Economic Integration*, 2008, 23 (3): 575 – 604.